“十四五”高等学校美术与设计应用型规划教材

总主编：王亚非

广告设计

霍 楷 周春丽 编著

西南大学出版社
SWUP
国家一级出版社 全国百佳图书出版单位

图书在版编目（CIP）数据

广告设计 / 霍楷, 周春丽编著. -- 重庆：西南大学出版社, 2022.9（2024.8重印）
ISBN 978-7-5697-1548-4

Ⅰ. ①广… Ⅱ. ①霍… ②周… Ⅲ. ①广告设计 Ⅳ. ①F713.81

中国版本图书馆CIP数据核字(2022)第158959号

“十四五”高等学校美术与设计应用型规划教材
总主编：王亚非

广告设计
GUANGGAO SHEJI
霍　楷　周春丽　编著

总 策 划：周　松　龚明星　王玉菊
执行策划：鲁妍妍
责任编辑：张　琳
责任校对：邓　慧
封面设计：闰江文化
排　　版：重庆新金雅迪艺术印刷有限公司
出版发行：西南大学出版社（原西南师范大学出版社）
地　　址：重庆市北碚区天生路2号
印　　刷：重庆新金雅迪艺术印刷有限公司
成品尺寸：210 mm × 285 mm
印　　张：8.75
字　　数：264千字
版　　次：2022年9月 第1版
印　　次：2024年8月 第2次印刷
书　　号：ISBN 978-7-5697-1548-4
定　　价：65.00元

本书如有印装质量问题，请与我社市场营销部联系更换。
市场营销部电话：(023)68868624　68253705

西南大学出版社美术分社欢迎赐稿。
美术分社电话: (023)68254657

序

当下，普通高校毕业生面临"'超前'的新专业与就业岗位不对口""菜鸟免谈""毕业即失业"等就业难题，一职难求的主要原因是近些年各普通高校热衷于新专业的相互攀比，看重高校间的各类评比和竞争排名，人才培养计划没有考虑与社会应用对接，教学模式的高大上与市场需求难以融合，学生看似有文化素养了，但基本上没有就业技能。如何将逐渐增大的就业压力变成理性择业，提升毕业生就业能力，是各高校亟须解决的问题。而对于普通高校而言，如果人才培养模式不转型，再前卫的学科专业也会被市场无情淘汰。

应用型人才是相对于专门学术研究型人才提出的，以适应用人单位为实际需求，以大众化教育为取向，面向基层和生产第一线，强调实践能力和动手能力的培养。同时，在以解决现实问题为目的的前提下，使学生有更宽广或者跨学科的知识视野，注重专业知识的实用性，具备实践创新精神和综合运用知识的能力。因此，培养应用型人才既要注重智育，更要重视非智力因素的培养。

根据《教育部 国家发展改革委 财政部关于引导部分地方普通本科高校向应用型转变的指导意见》，推动高校转型发展，把办学思路真正转到服务地方经济社会发展上来，转到产教融合校企合作上来，转到培养应用型技术技能型人才上来，转到增强学生就业创业能力上来，全面提高学校服务区域经济社会发展和创新驱动发展的能力，势在必行。

目前，全国已有300多所地方本科高校开始参与改革试点，大多数是学校整体转型，部分高校通过二级学院开展试点，在校地合作、校企合作、教师队伍建设、人才培养方案和课程体系改革、学校治理结构等方面积极改革探索。推动高校招生计划向产业发展急需人才倾斜，提高应用型、技术技能型和复合型人才培养的比重。

为配套应用型本科高校教学需求，西南大学出版社特邀国内多所具有代表性的高校美术与设计专业的教师参与编写本套既具有示范性、引领性，能实现校企产教融合创新，又符合行业规范和企业用人标准，能实现教学内容与职业岗位对接和教学过程与工作流程对接，更好地服务应用型本科高校教学和人才培养的好教材。

课程计划

（建议 35 学时）

<table>
<tr><th>章名</th><th>章节内容</th><th colspan="2">课时</th></tr>
<tr><td rowspan="5">第一章
广告设计的基本概念</td><td>第一节　广告设计的概念</td><td rowspan="2">1</td><td rowspan="5">4</td></tr>
<tr><td>第二节　广告设计的分类</td></tr>
<tr><td>第三节　广告设计的特点</td><td>1</td></tr>
<tr><td>第四节　广告设计的作用</td><td>1</td></tr>
<tr><td>第五节　广告设计与视觉文化时代</td><td>1</td></tr>
<tr><td rowspan="2">第二章
广告设计的视觉要素</td><td>第一节　广告设计的具象要素</td><td>2</td><td rowspan="2">6</td></tr>
<tr><td>第二节　广告设计的抽象要素</td><td>4</td></tr>
<tr><td rowspan="4">第三章
广告设计的形式要素</td><td>第一节　广告设计的形式要素</td><td>1</td><td rowspan="4">7</td></tr>
<tr><td>第二节　广告设计中形式要素的关系</td><td>2</td></tr>
<tr><td>第三节　呼应在广告设计中的应用</td><td>2</td></tr>
<tr><td>第四节　整合在广告设计中的应用</td><td>2</td></tr>
<tr><td rowspan="3">第四章
广告设计的视觉传达形式</td><td>第一节　广告设计视觉语言的表意传达</td><td>2</td><td rowspan="3">5</td></tr>
<tr><td>第二节　广告设计视觉语言的表形传达</td><td>2</td></tr>
<tr><td>第三节　广告设计视觉语言的画面视觉效果传达</td><td>1</td></tr>
<tr><td rowspan="7">第五章
商业广告</td><td>第一节　商业广告分类</td><td>1</td><td rowspan="7">4</td></tr>
<tr><td>第二节　商业广告运作过程</td><td>1</td></tr>
<tr><td>第三节　产品广告计划书的撰写</td><td>1</td></tr>
<tr><td>第四节　产品名称及标识形象设计</td><td rowspan="4">1</td></tr>
<tr><td>第五节　标题和广告语的设计</td></tr>
<tr><td>第六节　商业广告的创意定位</td></tr>
<tr><td>第七节　商业广告的价值取向</td></tr>
<tr><td rowspan="3">第六章
公益广告</td><td>第一节　公益事业与公益广告</td><td rowspan="3">2</td><td rowspan="3">2</td></tr>
<tr><td>第二节　公益广告的范畴及设计选题的来源</td></tr>
<tr><td>第三节　公益广告的创作原则</td></tr>
<tr><td rowspan="3">第七章
文化招贴</td><td>第一节　文化与文化招贴</td><td rowspan="2">2</td><td rowspan="3">3</td></tr>
<tr><td>第二节　文化招贴的创作选题</td></tr>
<tr><td>第三节　文化招贴的价值取向</td><td>1</td></tr>
<tr><td rowspan="2">第八章
广告设计的地位及展望</td><td>第一节　广告设计的地位</td><td rowspan="2">2</td><td rowspan="2">4</td></tr>
<tr><td>第二节　广告设计的前瞻性</td></tr>
<tr><td colspan="3">合计</td><td>35</td></tr>
</table>

目 录

001 第一章 广告设计的基本概念

002 第一节 广告设计的概念
004 第二节 广告设计的分类
007 第三节 广告设计的特点
010 第四节 广告设计的作用
013 第五节 广告设计与视觉文化时代

015 第二章 广告设计的视觉要素

016 第一节 广告设计的具象要素
036 第二节 广告设计的抽象要素

053 第三章 广告设计的形式要素

054 第一节 广告设计的形式要素
058 第二节 广告设计中形式要素的关系
066 第三节 呼应在广告设计中的应用
070 第四节 整合在广告设计中的应用

077 第四章 广告设计的视觉传达形式

078 第一节 广告设计视觉语言的表意传达
084 第二节 广告设计视觉语言的表形传达
089 第三节 广告设计视觉语言的画面视觉效果传达

095 第五章 商业广告

096 第一节 商业广告分类
099 第二节 商业广告运作过程
101 第三节 产品广告计划书的撰写
105 第四节 产品名称及标识形象设计
106 第五节 标题和广告语的设计
107 第六节 商业广告的创意定位
112 第七节 商业广告的价值取向

113 第六章 公益广告

114 第一节 公益事业与公益广告
115 第二节 公益广告的范畴及设计选题的来源
118 第三节 公益广告的创作原则

121 第七章 文化招贴

122 第一节 文化与文化招贴
123 第二节 文化招贴的创作选题
125 第三节 文化招贴的价值取向

127 第八章 广告设计的地位及展望

128 第一节 广告设计的地位
129 第二节 广告设计的前瞻性

131 参考文献

132 后记

CHAPTER 1

—

第一章

广告设计的基本概念

第一节 广告设计的概念

一、广告的概念

在《韦氏词典》（1977 年版）中广告的定义是：广告是指在通过直接或间接的方式促进商品销售、传播某种主义或信念、召集参加各种聚会和集会等意图下所有告知性活动的形式。

广告设计是广告实践的设计过程，侧重设计的过程体系。其中包含设计调研、设计创意、设计形式、设计表现、设计整合、设计发布、设计反馈等综合运作过程，因此广告设计者面对的是广告设计公司，是一个实践的实体。广告学涉及广告的市场、营销、策划、管理等范畴，侧重广告营销方面，研究者面对的是公关公司、企业的策划部等。

二、招贴的概念

招贴（Poster）在《牛津英汉大词典》中的释义为“展示在公共场合的海报”。《现代汉语词典》第 7 版对招贴的定义是：“贴在街头或公共场所，以达到宣传目的的文字、图画。”招贴的“招”字含义非常形象，意为招手示意并呼叫。招，就是招引、招呼的意思，贴就是张贴。顾名思义，招贴就是张贴在公共场所引人注意、宣传活动或理念的视觉艺术形式，

码1-1
广告理论研究

图1-1 Foronda 设计的招贴

图1-2 格巴特 · 施瓦 《国际哈菲兹纪念大会》1974年

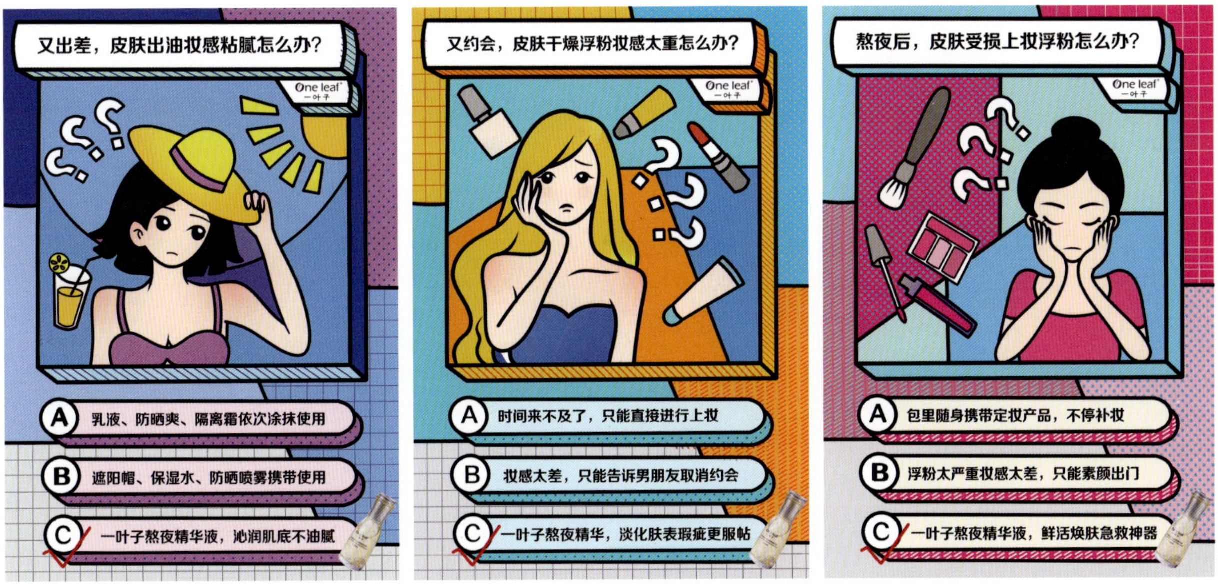

图1-3　李孟贾　全国大学生广告艺术设计大赛参赛作品《一叶子最优选择》宣传海报

其初始形态应该是告示或传播吉祥、理念的贴物等，经过长期发展演变形成了日益明确的特点：能引起公众注意，传播信息；能复制张贴。（图 1-1、图 1-2）

三、海报的概念

《现代汉语词典》第 7 版对海报的定义是：“戏剧、电影等演出或球赛等活动的招贴。”据记载，“海报”是招贴在国内的另一个名称。鸦片战争后，中国逐步沦为半殖民地半封建社会，西方国家在我国倾销商品、宣传理念。商人、传教士等人在沿海码头、街道、商铺等各醒目处张贴“poster” 宣传商品、进行传教等活动，沿海市民称这种 poster 为海报，意为来自海外的、海量的信息报道。因此以后凡是类似海报目的及其他有传递消息作用的张贴物都称之为“海报”。（图 1-3）

图1-4　肖洋　《新时尚》奥运会宣传画

四、宣传画的概念

《辞海》第七版对宣传画的定义是：“宣传画亦称‘招贴画’，是一种以宣传鼓动为目的、结合简短号召文字的绘画。通常指政治宣传画，广义包括文化活动的海报和商品的广告等。从早期的图画传单演变而来，具有造型简括突出、色彩鲜明醒目等特点。大都经过复制，张贴于街头或其他公共场所。”新中国成立后，社会主义社会制度确立，出现了大批画家和美术工作者绘制的政治题材、生活生产题材宣传画，作品以歌颂祖国、弘扬正气、促进生产和社会建设等为主要视觉形象和表现要素，配有醒目的主题标语和口号，这一时期的此类作品称之为宣传画，展现出和平、翔实的社会环境与时代风貌，欣欣向荣的生活印象和时代背景。（图 1-4）

第二节 广告设计的分类

一、商业广告

商业广告亦称经济广告。在商业社会中，人们普遍认为商业广告是能够带来经济价值的载体之一，即指营利性的广告，是生产、销售与客户之间共同的桥梁，或是企业市场战略宣传、产品宣传、提供劳务的重要宣传形式。商业广告包括企业形象、各种商品宣传、产品展会、旅游观光、交通运输等内容。商业广告的价值不可估量，是商业推广活动中必不可少的组成部分，其重要性犹如企业的宣传队、市场的先锋军。（图 1-5）

图1-5 魏歆彤 为100年润发做的《护花使者》系列商业广告

码1-2
广告设计作品案例

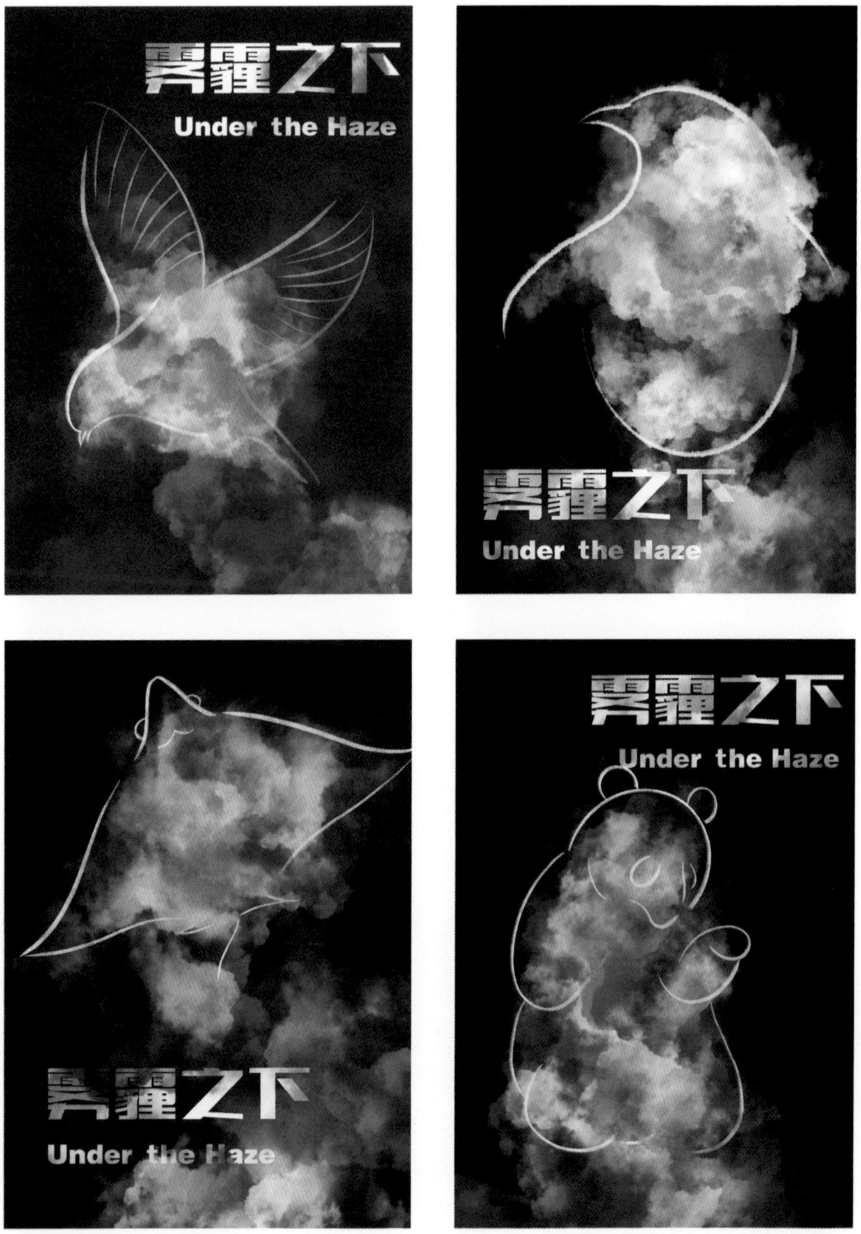

图1-6 魏歆彤 《雾霾之下》系列公益广告

二、公益广告

公益广告是指为了公益事业而设计的广告。主要包括社会公德、福利、生态、环境、交通安全、防火、防盗、禁烟、禁毒、廉政、反战、反恐怖主义、预防疾病、保护人权、保护妇女儿童权益等公益事业，是伴随着人类社会的发展而产生的题材。公益事业是人类文明社会一直关注的话题，将会更加深入持久地发展，成为文明社会关注的焦点。（图 1-6）

图1-7　鞠济璟　《辞青重阳　地铁卡设计》

三、文化招贴

文化招贴又称文体招贴，广义上讲，主要是指为社会中的各类文化活动而设计的招贴。文化是社会中物质现象和精神现象的总和，文化招贴主要指传播历史、科教、文学、艺术、体育、音乐、电影、戏剧、画展、衣食住行等信息的招贴。它不以营利为目的，主要是为某种活动概念的推广而设计的。文化招贴作品中所反映的各类信息通过视觉载体传达给人们，形成精神上的感受，成为一种文化现象，是对文化的传承与发展。（图 1-7）

第三节 广告设计的特点

一、时效性与快速认知

广告是发布在公共场所，传播活动、事件、理念等信息的载体之一，尤其是商业广告、文化招贴等传达一定时间范围内的信息，或服务于文化机构、文化活动等，具有时效性特征。因此，好的广告设计必须在短时间内让观者快速识别、解读，以给人们留下久久难忘的深刻印象，达到在有限时间内传达信息的目的。（图 1-8）

图1-8 林梦娇 《抗击疫情，山河无恙》

二、视觉震撼与准确创意

芬兰设计师古斯蒂·瓦利斯说：一张好的招贴是一个视觉冲击。视觉冲击力强的招贴，能快速吸引观者的注意力，有助于信息传达。优秀招贴的视觉语言，无论绘画类、摄影类还是图形语言类的招贴，其视觉语言醒目、震撼、强烈都会增强招贴的视觉冲击力，皆能吸引观者的注意力，使之与招贴产生共鸣。广告设计中所含的信息，必须准确反映主题，无论手法如何多样、形式如何生动、表现如何艺术，其目的都是让人们准确地解读其中的信息，体现广告设计的主题内涵。（图 1-9）

三、艺术审美与原创个性

广告设计中的信息传达可根据主题充分发挥艺术想象力，尽情施展表现的艺术手段，挖掘构成形式的艺术美感。同时，广告设计的原创个性、陌生化的原创视觉语言会给人耳目一新的感觉，增加人们的注意力和好奇心，抓住人们的视觉，易引起人们的注意与解读，从而强化吸引力完成视觉传达过程。（图 1-10）

四、表现形式多样

广告设计的创意无限，可以根据任何主题进行创意；广告设计的形式多样，不同的形式反映不同的内容，只要整体和谐即可；广告设计的表现手法无限，各种设计插图的手法皆可实现；其展示方式也多种多样、形式各异，因此，广告设计是表现平面设计视觉语言的重要载体。（图 1-11）

图1-9 林梦娇 《科技迈大步，生活有帮助！》 2021年
夸父逐日情境与健身器材的融合对比产生强烈的视觉震撼力

图1-10 郝好静 《保护水资源》

图1-11　韩雪　《你还能维持多久》

第四节 广告设计的作用

一、号召、呼吁与警示大众

在广告设计中，用视觉形象传达信息，不论是公益广告还是商业广告，都具有号召、引导的作用。其间的经典创意和震撼的表现是用来引导消费者和警示大众的。作为众多设计载体中具有强烈视觉力量的媒介之一，无论是在过去、现在和将来，广告设计都将以独特的形式展示在历史舞台上。（图 1-12）

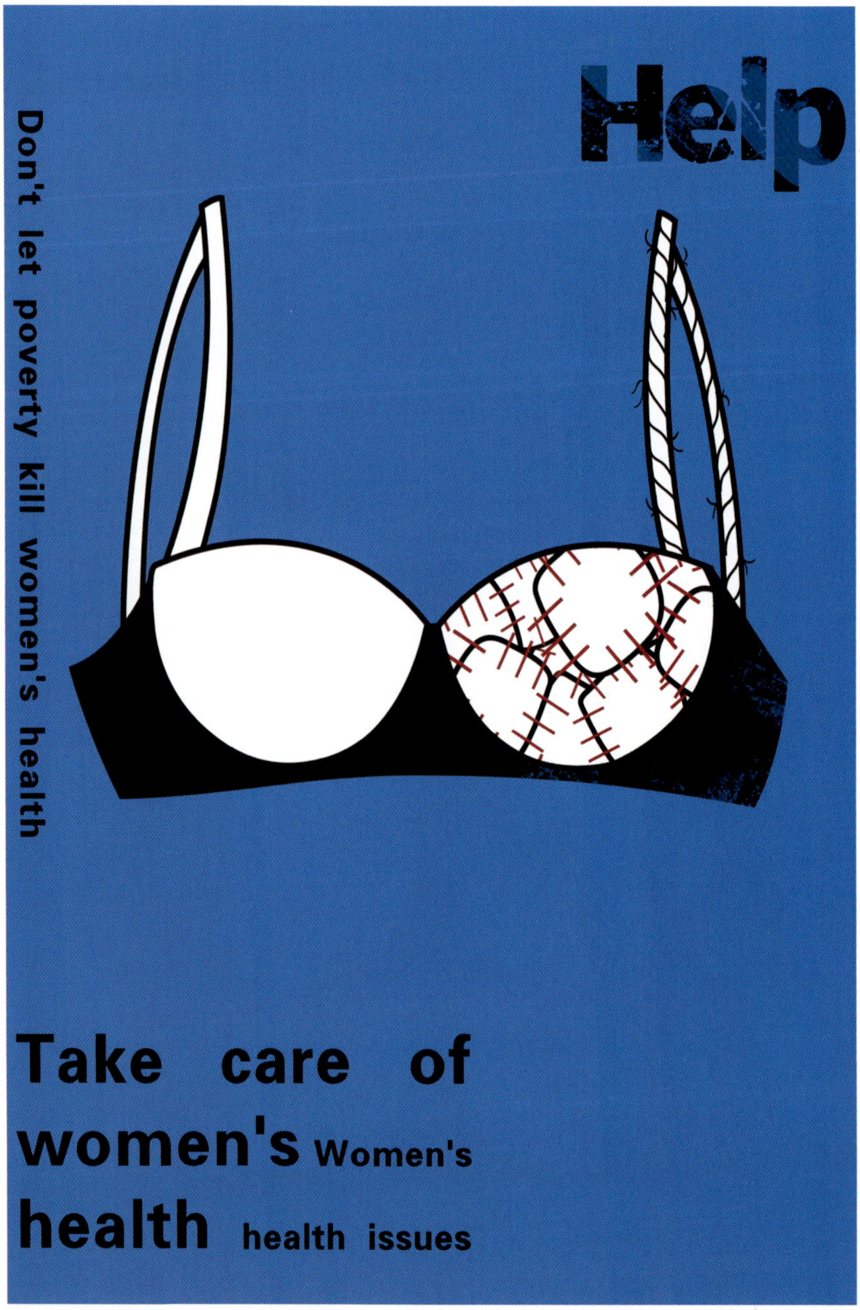

图1-12 朱宏锦 《保护女性健康》

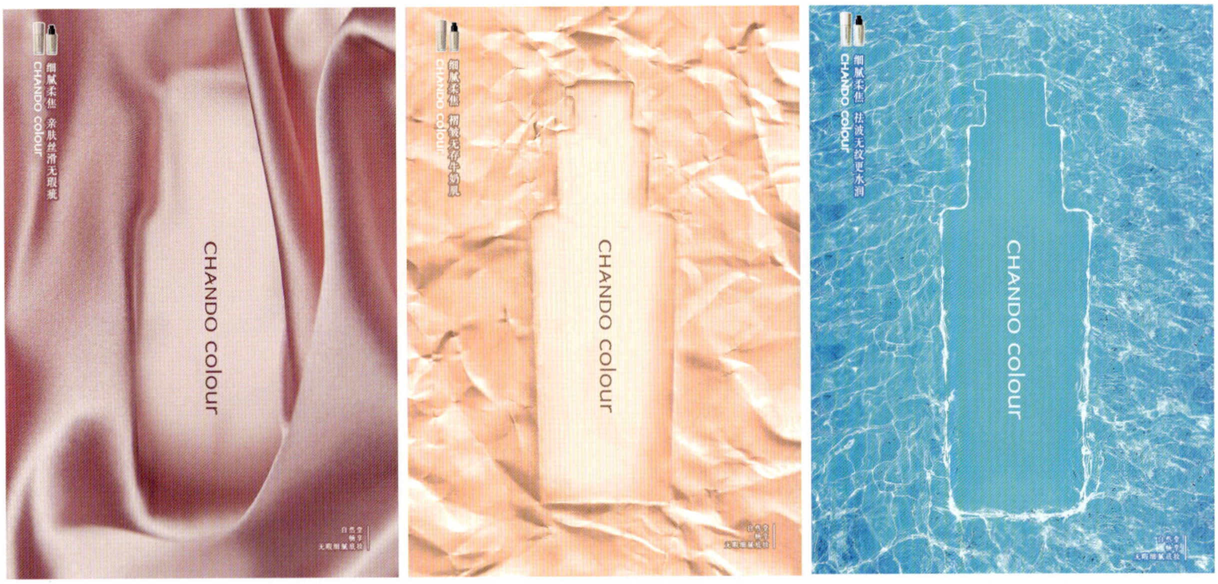

图1-13 昌进 CHANDO COLOUR化妆品海报

二、促进沟通、促进消费、刺激需求

文化招贴是文明传承的载体和媒介，是社会的一面镜子；公益招贴能够唤起人们对社会、对生活、对现实的关注；商业广告是人们了解商品与企业信息的桥梁纽带，能促进人与人之间的沟通。尤其是商业广告中的信息，在设计时，应充分考虑其产品属性、视觉引导的诱惑性，要提升人们的审美情趣，抓住人们的视觉心理，刺激消费者的购买欲望，从而实现商品的价值和使用价值。（图 1-13）

三、提高审美、践行责任和义务

广告设计通过对真善美的弘扬、对假恶丑事物的否定与批判，加之适当的表现与形式来完成作品的视觉传达，可以提高人们的审美。正如芬兰设计师毕卡・罗利所说：视觉美感与传播功能共同主宰着我的生活。

图1-14 靳埭强 *Colorful City* 2005年 为韩国大邱国际海报展而创作的海报作品，作品表现手法的艺术性可提升受众的视觉审美

图1-15 秦晋 *Stop Human Trafficking*

当周围的一切事物符合美感、富有功能时，我便会感到快乐和满足。同时，好的广告设计具有反映设计师的责任感与社会缩影的功能。广告设计是企业的写照与城市文明的象征，是社会的一面放大镜。而设计师是镜子的持有者，准确反映社会面貌是设计师的责任。（图1-14、图1-15）

第五节 广告设计与视觉文化时代

一、视觉文化时代的广告设计

视觉文化时代是一个多样化、个性化、国际化的刺激眼球的时代，人们也称之为信息爆炸的时代，人们通过报纸、杂志、电视、网络等不同载体与媒介，能够见到广告的身影。因此，广告的出现，在视觉文化时代的传播具有时代意义。优秀的广告会抓住人们的眼球，告知人们商品、活动、社会等信息，能够准确、直接、快速完成广告的使命，促进视觉文化时代视觉设计的发展。

二、广告设计与视觉传达

1. 视觉传达设计

视觉传达设计（Visual Communication Design）是指通过设计语言依据视觉载体传递信息的过程。其中包括三方面的要素：一是设计师的计划、构想的形成；二是设计语言通过视觉载体的信息传递；三是受众的信息接受与反馈。视觉传达设计的信息媒介主要是图形图像与色彩、文字及它们之间的编排关系；视觉传达设计师表达自己的理念和主题内涵后，通过各种视觉化的形象和形态传播给受众，并接受受众的多样反馈，实现视觉传达的互动并以此完成人与人之间双向性质的视觉信息交流行为。

2. 视觉传达过程的实现

视觉传达过程是主观之于客观的反映：设计者对现实世界形象进行主观的遴选，有意识、有计划地对客观世界进行一种主观情感表现，是对客观形象的再创造，使设计作品更具有精神魅力，实现了视觉传达的文化价值取向。视觉传达设计作为设计师之于视觉语言的具体化，具有高度的文化因素，必将非常适合现代社会视觉文化时代的审美需求，它是伴随着视觉文化时代的来临而彰显传达特色，是对信息社会视觉繁杂现象的无声抵制，设计师执行的任务，无疑是踏上视觉传达这一班快车，在客观世界—视觉作品—受众之间穿梭，全面完整地完成广告设计作品视觉传达这一全过程。（图 1-16）

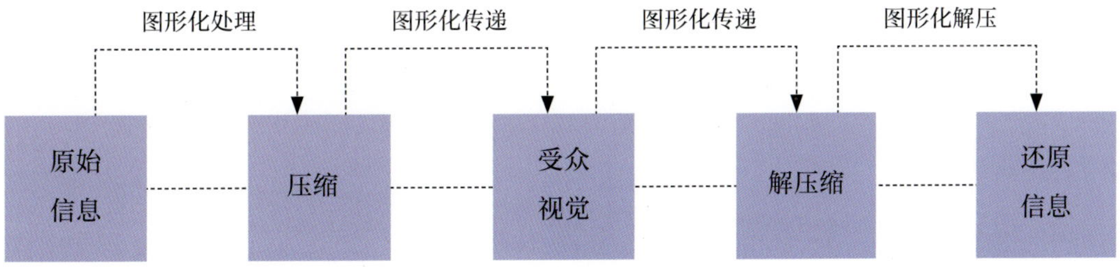

图1-16 视觉传达流程图

3. 视觉传达设计中的广告设计

芬兰设计师卡里碧波曾说：一张好的招贴尊重观者的智慧，展现出一种视觉体验，一旦有机会它会简单、大胆地说出所承载的信息，用一种其独有的语言。广告设计在视觉传达设计中具有重要意义。若设计是社会的一面镜子，反映社会的信息，那么广告设计就是一面放大镜，更加深刻地映射着时代和社会的文化，它以纸上艺术的形式在大众间传递着信息和文化价值观念，反映着社会文化、特定时代社会发展状态和人们的价值观发展倾向。

课后练习

1. 复习广告设计的概念。

2. 通过多种途径查找你认为好的商业广告、公益广告与文化招贴，并说明其有什么特点。两人为一个小组，以 PPT 形式进行汇报。

CHAPTER 2

第二章

广告设计的视觉要素

第一节 广告设计的具象要素

一、广告设计中的设计插图要素

1. 绘画类插图在广告设计中的应用

不同的绘画表现语言适用于不同的广告设计主题，比如，运动主题的作品适合用强烈动感的表现语言，轻音乐主题适合用柔美的表现语言。早期的广告设计大都是画家完成的，如法国早期绘画与设计结合的大师朱尔斯·谢雷特、劳特雷克等笔下都生成过广告作品。采用绘画风格表现的广告设计作品具有艺术性与实用性结合的特点。（图 2-1、图 2-2）

2. 摄影类插图在广告设计中的应用

广告设计中的摄影语言表现力具有直观的视觉表现力。摄影语言说服力强、贴近现实，客观地反映生活，可以是单独的摄影表现，也可以是摄影蒙太奇表现，还可以是创意摄影表现，甚至可以是摄影与绘画、图形相结合的表现，具有多样化特征。一些公益广告常通过摄影语言表现直观震撼的主题。（图 2-3、图 2-4）

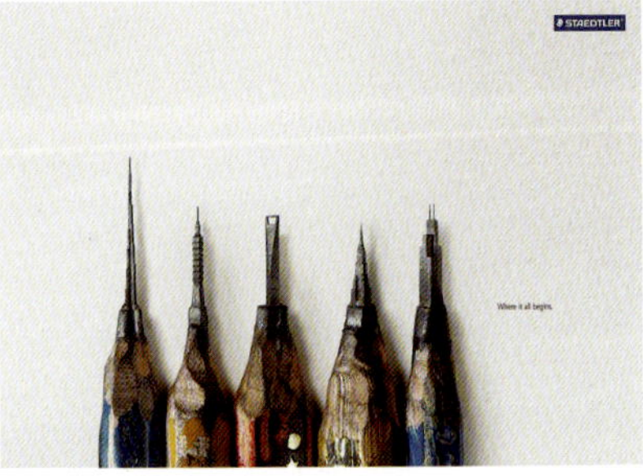

图2-3　Staedtler　文具公司宣传海报

图2-1　姚尔丹　《音乐节》

图2-2　朱宏锦　《地铁上的海洋》
通过插画的形式呼吁人们保护海洋生物

图2-4　霍楷　《拒绝校园腐败》

图2-5 周春丽 《贪腐之罪》

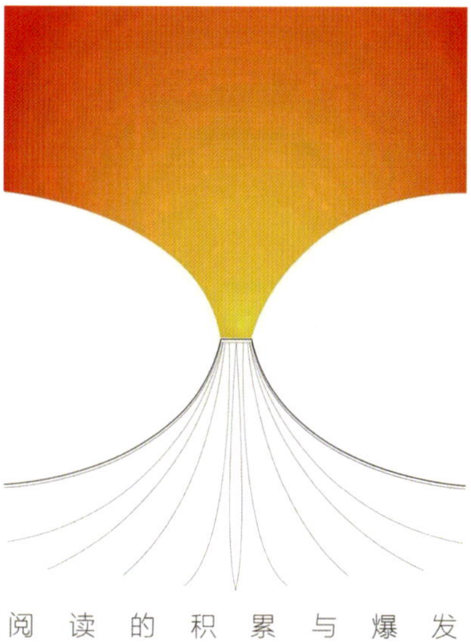

图2-6 刘昊 《阅读的积累与爆发》

图2-7 于召法 《扭曲的海洋》

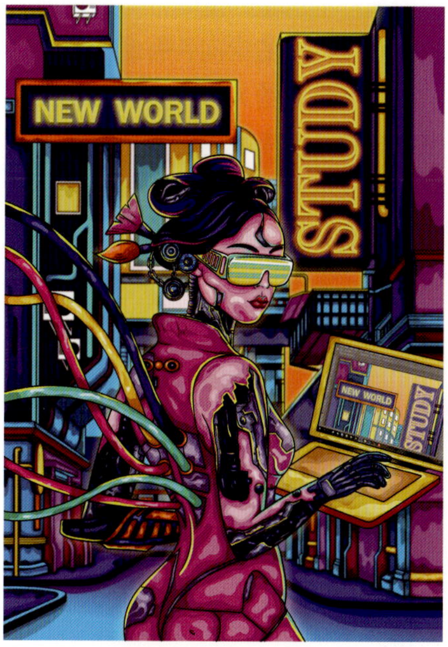

图2-8 敬婷婷 《开启新世界》 色彩的碰撞彰显出强烈的科技感

3. 图形类插图在广告设计中的应用

广告设计中的图形语言给人以现代、简洁的视觉感受。画面经过简化、概括、抽象、平面的语言把原本繁杂的事物凝练和整合，抓住事物主体形象特征，舍去次要的形象和部分，强化主体来表现主题，适合于现在信息时代繁杂事物的信息传达。德国著名视觉设计大师霍尔戈·马蒂斯曾经这样说："一幅好的招贴，应该是靠图形语言说话而不是靠文字注解。"（图 2-5、图 2-6）

二、广告设计的色彩要素

1. 色彩的认知

（1）主观感情的表现

色彩的具象表现直观地传达了形象的信息，色彩的抽象表现及色彩错视，很大程度上改变了色彩的外在属性。早在 20 世纪初期，印象派画家们就接受了牛顿的色彩理论，特别是后印象派画家凡·高更注重色彩的感情，强调作品要"感情爆发"，要有"一股不可抑制的力量"，极度对比和矛盾的色彩表现刺激了狂热的作品表现，打破了光色再现的色彩写实理论，取而代之的是色彩写意的描绘、色彩抒发感情的狂热和刺激、色彩的抽象与表现。在现代广告设计中，色彩的主观感情宣泄、色彩的抽象表现，无不出现在商业、艺术与文化领域。（图 2-7、图 2-8）

（2）彩色广告设计用色理论

彩色的广告设计用色，是指在有色系中，颜色色相多种变化及对比的广告用色。一般来说，多种色彩在设计中的对比使用会产生绚丽的色彩感，能很好渲染画面效果，吸引受众，但其对比关系不容易把握，对比不好容易产生混乱的视觉效果。因此，要根据主题需要量体裁衣，注重色彩的对比与协调关系表现，慎用颜色，宁少勿多，精益求精。（图 2-14、图 2-15）

（3）黑白广告设计用色理论

黑白广告设计用色，属无色系范畴，没有彩色广告用色所表现的多种色彩情感，减少了不同地域的人们沟通的色彩差异化，更加有利于视觉传达。但其中没有有色系色彩的对比，往往显得单调肃穆，因此彩色广告用色和黑白广告用色各有利弊。但设计者可根据创意和表现需要以黑白极致对比强化主题形象，从而达到事半功倍的效果。（图 2-16、图 2-17）

（4）情感色彩表现对广告设计的影响

广告设计中色彩使用附着各自的情感。色彩有各种各样的情感，可以根据设计师的主观需要，抽象表现主题画面；也可以根据客观元素着色；还可以单一表现色彩感受等。此外，设计师的喜好，色彩中的联想与想象，地域、民族、宗教、种族等之间的色彩认知存在很大差异，且不同的主题有不同的色彩表现，根据具体情况而定。（图 2-18、图 2-19）

图2-14 徐宁 《振兴发展》

图2-15 敬婷婷 《多彩海洋》

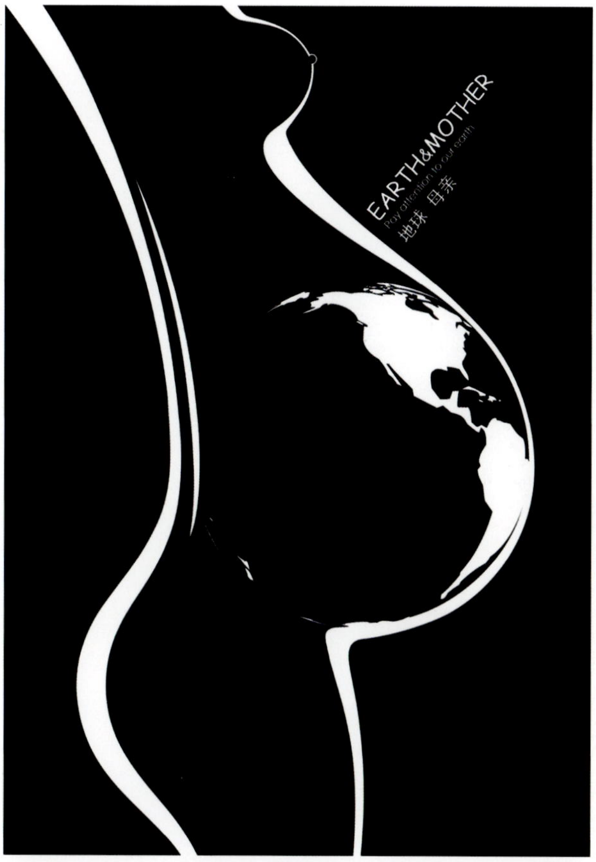

图2-16 霍楷 《母爱》 强烈的黑白对比呼吁人们关注我们的地球、我们的母亲这一严肃主题

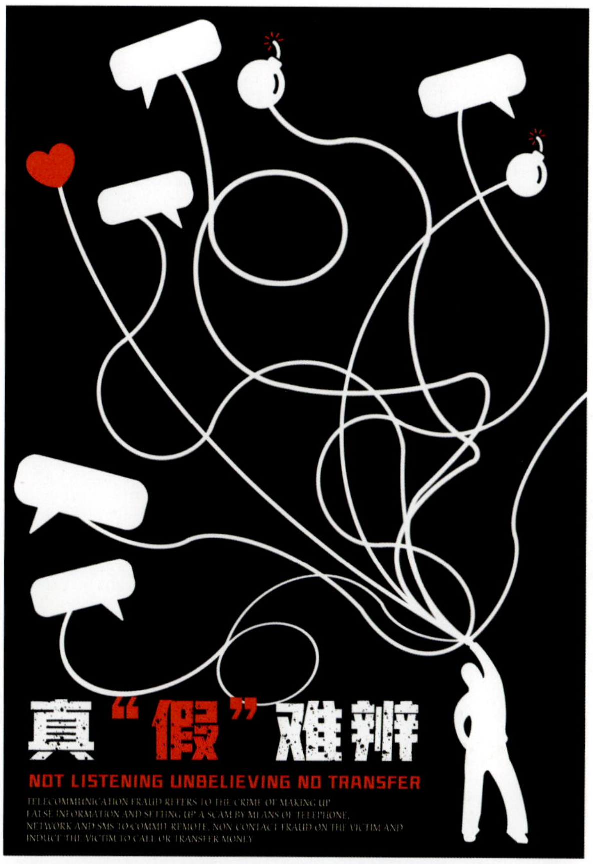

图2-17 吕莹 《真“假”难辨》 黑白对比与图形创意，提醒人们辨别网络信息的真伪

图2-18 格巴特 · 施瓦 《德黑兰书展》

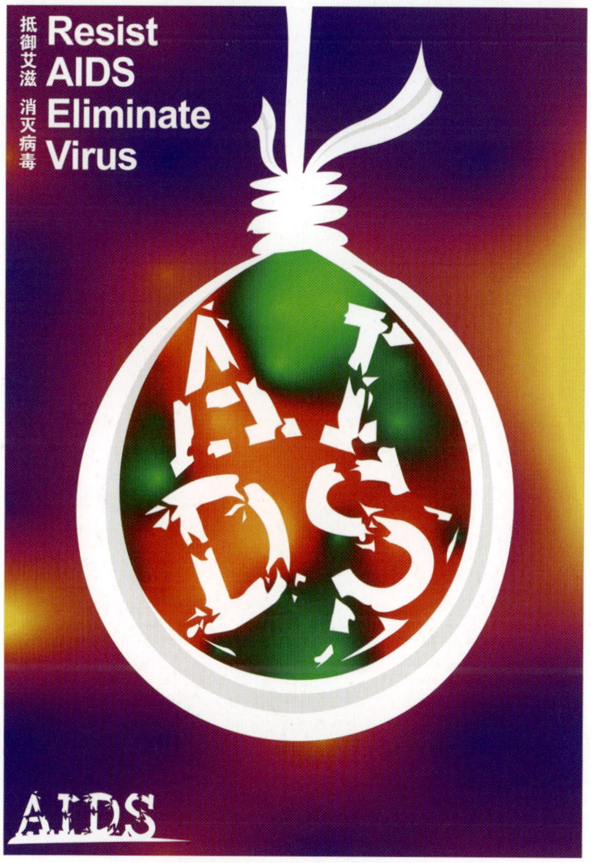

图2-19 霍楷 《抵御艾滋 消灭病毒》

图2-20 罗克威 《牛仔故事》

3. 色彩的表现

（1）写实性表现

色彩在广告设计中具有写实的特性，尤其是在商业广告中，由于宣传商品的直观特征，写实的色彩表现较为理想，使受众直接与商品沟通。在广告的色彩表现上，通过写实性的色彩附着，可达到较为真实的色彩效果，视觉传达较为直观和快速。色彩的写实性表现大都通过所附着的图形图像为载体进行传达，而图形图像的采集以摄影为主，其能真实还原色彩的原本信息。（图 2-20、图 2-21）

图2-21 仇锴 《鲸鱼的命运》 写实的色彩更直观地表现创意内涵

图2-22 杨韫嘉 《东北印花布》系列

图2-23 敬婷婷 《中华国粹》系列

（2）装饰性表现

色彩具有装饰性特征，根据画面需要在广告设计中可以利用色彩的装饰性特征装饰画面。色彩的装饰性表现具有历史渊源，在早期的艺术流派中就有所运用，如野兽派画家马蒂斯的作品尤其是后期的剪纸装饰性表现，克里姆特的绘画作品的色彩表现等，均具有装饰性特征。中国民间艺术作品也不乏装饰性的色彩，民族服饰、敦煌壁画等都具有斑斓的装饰性色彩表现。装饰性色彩不受光源、环境的限制，具有很强的美化性和主观性。（图 2-22、图 2-23）

（3）写意性表现

色彩具有写意性的特点，广告设计中也常常使用色彩的写意性表现画面。写意，本身是个抽象的词汇，表达意境和描绘神韵。在西方，表现主义绘画通过色彩的豪放、张扬表现，表达画家对生活现实的不满，通过色彩表现内心恐惧、抑郁、伤痛及对人生老病死等的内心独白，具有独特的精神气质。（图 2-24、图 2-25）

（4）象征性表现

色彩具有象征性的特点，用以表现广告设计的色彩不少见。色彩的象征性在各个国家、地域、民族、宗教、时代中表现各异。在近代革命战争中，红色象征着革命和热情，而在封建王朝，红色则象征着富贵吉祥；一般来说，黑色与白色象征死亡，运送灵柩的车大多都为黑色，系上白花，表示庄重肃穆以及对死者的哀悼，而在美洲部落，黑色则体现反省的意义，白色象征着冬天、纯洁与新生；较为通用的色彩象征则表现为绿色象征着生命、健康与和平；蓝色象征着冷峻、精致的科技，也象征着纯净与自然等。（图 2-26、图 2-27）

图2-24 姚尔丹 《2000年肖蒙国际海报节》用女人的乳房表现社会和政治缺一不可的这一主题，挥毫泼墨与洋洋洒洒的色彩表现具有刺激、肃穆、冷漠感

三、广告设计的文字要素

1. 字体设计在广告设计中的应用

广告设计中的文字起到点题、说明、补充等重要作用，色彩和图形不可替代。字形设计是指字体本身的形体、形态的造型设计，起着点睛、强化主题内涵的作用。譬如，从汉字和拉丁字的字形能看出，有各种字体适合不同内涵的广告设计，如罗马体、宋体带有装饰角，具有柔和装饰效果，适合表现古典、装饰、传统文化等内涵；而黑尔维卡体、黑体则无装饰角，具有粗犷、严肃、对比强烈的视觉效果，适合表现现代、庄重的场合。（图 2-28）

2. 字体编排在广告设计中的应用

文字的编排是指文字字形的组合设计，在广告设计中，文字的组合应注意文字的对比与协调关系。不同主题配合不同字体组合编排，具有补充、说明、强化、点缀的作用。文字编排主要包含以下几种形式：

（1）左对齐

多行文字在水平或倾斜编排时，左面对齐对位关系，文字产生左面规范右面顿挫参差对齐的视觉效果，具有左定点的线段向右延伸之感。

图2-25 塔特科瓦 《以色列和巴勒斯坦的艺术家》

图2-26 霍楷 《索取 拯救》 蓝色的水象征着自然、纯净，黑色则象征着污染，蓝黑对比呼吁人们保护水资源

图2-27 周春丽 《中国共产党百年纪念》

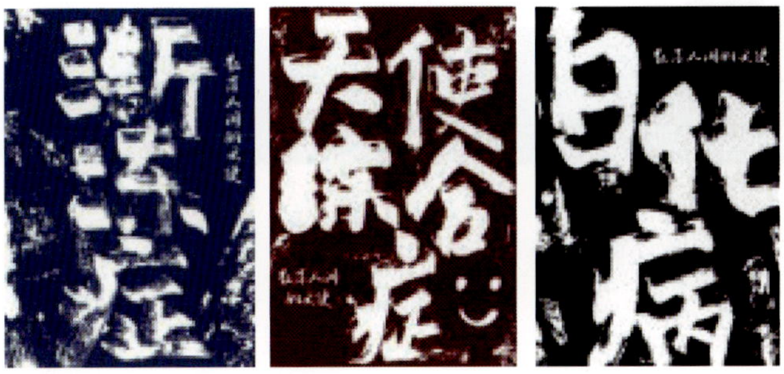

图2-28 魏歆彤 《罕见病》
系列设计

（2）右对齐

多行文字在水平或倾斜编排时，右面对齐对位关系，文字产生右面规范左面顿挫参差对齐的视觉效果，这种编排形式具有右定点的线段向左延伸之感。

（3）上对齐

多行文字在垂直编排时，上面对齐对位关系，文字产生上面规范下面顿挫参差对齐的视觉效果，这种编排形式具有上定点的线段向下延伸之感。

（4）下对齐

多行文字在垂直编排时，下面对齐对位关系，文字产生下面规范上面顿挫参差对齐的视觉效果，这种编排形式具有下定点的线段向上延伸之感。（图 2-29）

图2-29 格巴特 · 斯瓦 《第11届阿比 · 比卡兰 · 霍纳集团商品展览会》

四、广告设计具象要素的关系

1. 文字与文字对比协调的关系

（1）大小、主次关系

画面中的文字包括主题文字、说明文字、广告语等口号文字，无论文字所处的位置或表现功能有何不同，其间都相对有大小、主次对比与协调关系，主题文字或广告语适当放大处理，可强化点题；补充说明性文字适当缩小，可巧妙精细地作视觉构成的补充，突出与彰显主题文字的视觉地位。适当地强化文字大小、主次关系有助于突出画面主体，使画面主次分明。（图 2-34）

（2）方向、刚柔关系

文字的编排产生方向感，无论以人们的读字习惯排列还是做文字散点式排列，其间的信息都以某种形式告知读者。文字编排能够构成水平方向——表现平稳、庄重；垂直方向——表现严肃、庄重；倾斜方向——表现动感、放射；曲线方向——表现柔和；散点自由排列——表现自然构成感、无序感。同时，文字的不同编排形式分别给人以不同的视觉感受，直线编排或者面积对比强烈时，产生硬朗的视觉形式感；曲线编排或字体大小、面积对比和谐时，产生柔和的视觉形式感。硬朗形式的画面表现较为严肃、庄重、正式等，适合表现钢铁硬朗的视觉形式感；柔和形式的画面表现较为和谐、轻盈、浪漫等，适合表现轻音乐会、舞蹈、文化节等的视觉形式感。（图 2-35、图 2-36）

图2-34　皮埃尔·迪休洛、派克博士、梅勒·罗斯　《城堡中最后的晚餐》文字大小对比并以散点式、密集式编辑画面

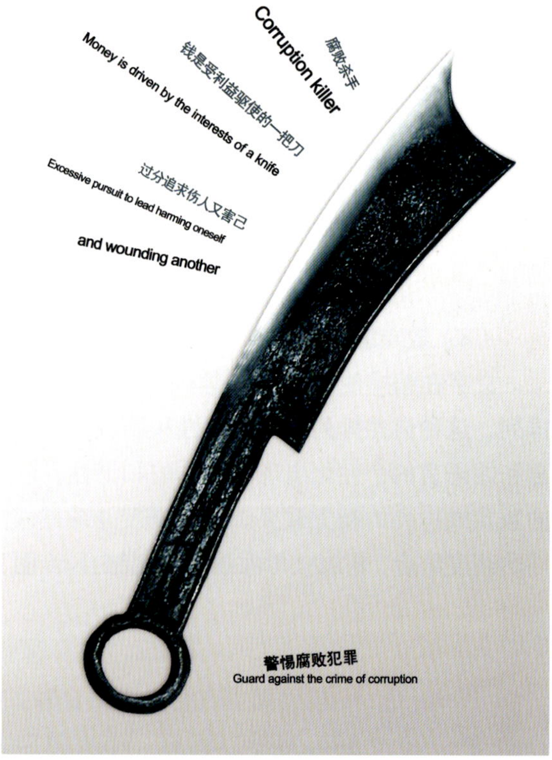

图2-35　刘学　《金钱之门》文字产生放射的方向对比

（3）空间、层次关系

文字的排列关系有分离关系——文字与文字形成距离与二维空间；并置关系——文字与文字分离及并行接触编排使用；重叠关系——文字与文字或叠压或透叠产生前后关系。这种文字的对比关系，在与字体大小、方向、面积搭配使用时产生空间、层次变化；文字与文字并置搭配编排时，形成画面平面感、统一感、整体感，其中大小、面积等变化编排使用产生整体和谐又跳跃的视觉感；文字与文字重叠关系使画面产生厚重的空间和层次关系，在文字的主次变化上强化主题文字醒目性，削弱补充说明文字的装饰和点缀，组合使用形成在二维平面上的整体空间层次感。在文字与整体画面的和谐使用中，注意文字与文字的综合使用，文字与设计插图的手法一致性与跳跃的点缀性，文字与色彩要素的变化与统一的整合搭配使用。（图 2-37、图 2-38）

图2-36　朱宏锦　《清正在德　廉洁在志》文字编排成莲花图形，昭示廉洁主题

图2-37　赵琳琳　《进化》

（4）面积、松紧关系

文字编排传达主题信息时，形成密集排列的块面，易整合、分割画面产生对比，引人注意，集中观者视觉使信息易被传达和解读，根据需要表现的主题，采用大面积或小面积的字体编排，采用实在的面积或含蓄的面积来表现较为强烈或和谐的画面，使画面中的字体面积既对比又和谐。此外，在文字编排过程中，文字的排列要产生松紧的疏密对比。若字体编排面积与周边视觉语言产生紧张感时，亦可调整文字的字距或行距，即调整其疏密关系，根据画面文字的疏密关系，强化文字的点化、线化对比，点化的字形成小面积的面，线化的字形成虚化的线。（图 2-39、图 2-40）

（5）字体关系

广告设计中的文字字体多种多样，每款字体自身的字形都有其独特的特点，根据画面的表现手法与主题内涵的要求，有相适应的字体组合与之结合设计。选用字体时，可根据文字的数量与面积大小适当选择两种及以上与表现手法相统一的字体对比使用，既整体又灵活组合版面。要注意字体的选择使画面活跃、丰富即可，不宜过多，否则画蛇添足。在特殊主题或需强化表现的主题中，亦可单独设计主题文字，或与主题有关的图形字（文字是传达视觉寓意方式的一种图形）相结合设计，既生动又深刻，起到画龙点睛的作用。（图 2-41）

图2-38　周春丽　*Give Me a Chance* 系列海报，文字、图案、面积的排列产生空间层次感

图2-39　《无罪》系列，文字大小、方向对比产生块面感

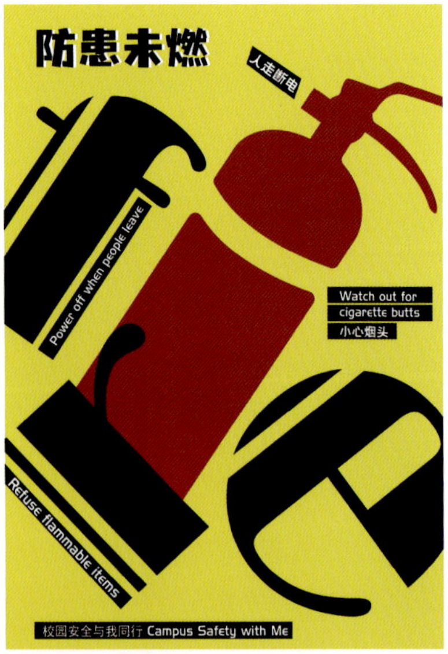

图2-40　周春丽　《防患未燃》系列，文字变形与松紧排列产生面积感

图2-41　吕莹　《节约最光荣》文字与图片和谐搭配，排版规整，主题突出

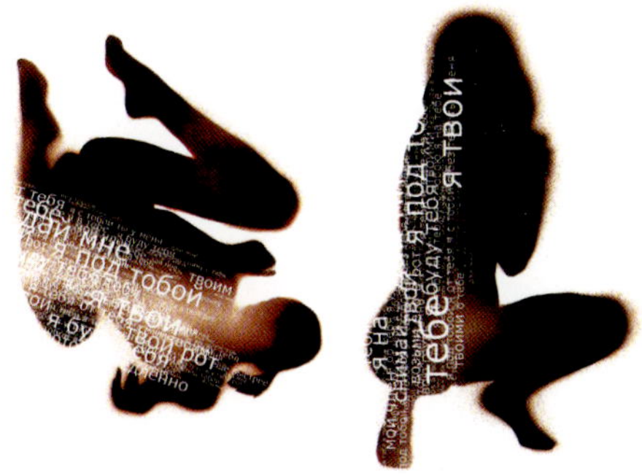

图2-42　罗克威设计的招贴作品

图2-43　秦晋　《喜迎百年》喜字与同心结融合充分展示主题

2. 文字与设计插图的关系

（1）文字与设计插图组合使用

第一，文字在与设计插图组合使用时，文字在图形之上编排——形衬文字，彰显、强化主题文字的重要视觉效果，或增强文字版面编排表现的力度，以烘托文字为主，在摄影语言表现的广告设计作品中较为常见。第二，文字编排与设计插图绕行使用，既可以文字绕行参差表现字体与设计插图的相互关系，使文字与设计插图融为一体表现主题；又可以找到文字与设计插图的对位关系表现，沿插图语言的边缘，向左右或四周发散编排，这种组合使用关系，使文字以设计插图为中心点向外放射编排，分割画面的空间，具有一定的动感和视觉张力。第三，文字烘托、衬图使用，有些设计以文字为背景烘托设计插图，以图形图像为主强化表现画面，彰显图形的视觉张力和冲击力，或文字的视觉编排，或文字的肌理应用，此类编排大多强调表现图形图像的主体视觉语言。（图 2-42、图 2-43）

（2）文字与设计插图分离使用

第一，在表现手法上一致，和谐的字形设计及文字编排组与图形图像的表现手法和谐呼应。第二，形式语言相呼应，设计插图采用动感或柔和的形式语言，其文字组合也

采用动感或以动感为主的形式语言与之相呼应。第三，相悖的形式语言，在文字的分离处理时，有的文字编排形式语言与设计插图形式语言整体和谐，又不乏跳跃与相悖之美，正如“万绿丛中一点红”，总是点缀得和谐跳跃又亮丽。（图 2-44、图 2-45）

图2-44　吕莹　《孝道大赛》文字与绘画性插图表现手法一致，风格统一

图2-45　佛蓝寇 · 白琅　*Summer Craft Fair*

3. 文字与色彩的关系

（1）局部服从整体

文字及文字组合的色彩赋色并非多多益善，而是根据画面整体色彩关系达到和谐呼应的视觉效果即可。作为局部的处理，文字色彩语言要与整体相统一或局部的语言跳跃表现；作为整体的画面，色彩语言的一致、形式风格的统一尤为重要，既是局部点缀跳跃语言，也是装饰点缀互补关系，会协调、丰富整体画面。（图 2-46）

（2）主次分明

色彩语言在文字编排中的赋色，不能一概而论地眉毛胡子一把抓，应重点抓主题文字或广告语的色彩对比关系，使重点突出；主观弱化次要辅助说明文字，使之产生主次、强弱、前后、虚实对比关系，既抓住主要矛盾，同时又不放松次要矛盾。（图 2-47 、图 2-48）

图2-46　赛德 · 美史奇　《第四届国际戏剧节》文字的色彩服从于设计插图的色彩，产生和谐呼应关系

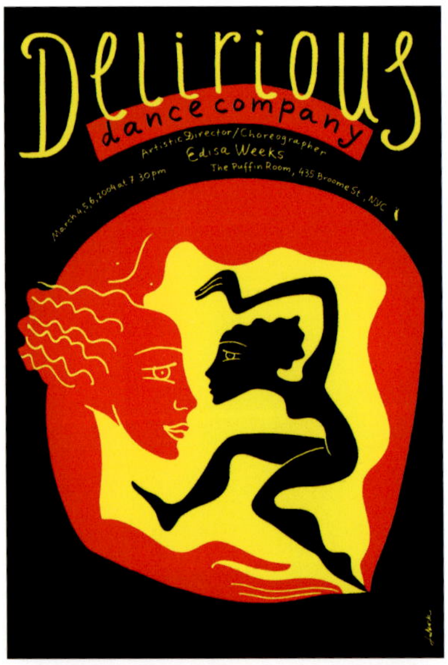

图2-47　卢巴 · 鲁科瓦　《疯狂舞蹈》文字色彩变化主次分明，产生面积关系对比，和图形的色彩面积呼应协调

图2-48　周春丽　《清正廉洁　传世之节》

图2-49　林梦娇　《敦煌印象》将敦煌色彩运用其中，展现出浓郁的敦煌风情

图2-50　杨韫嘉大广赛参赛作品《娃哈哈营养早餐》，大面积绿色展示出健康理念

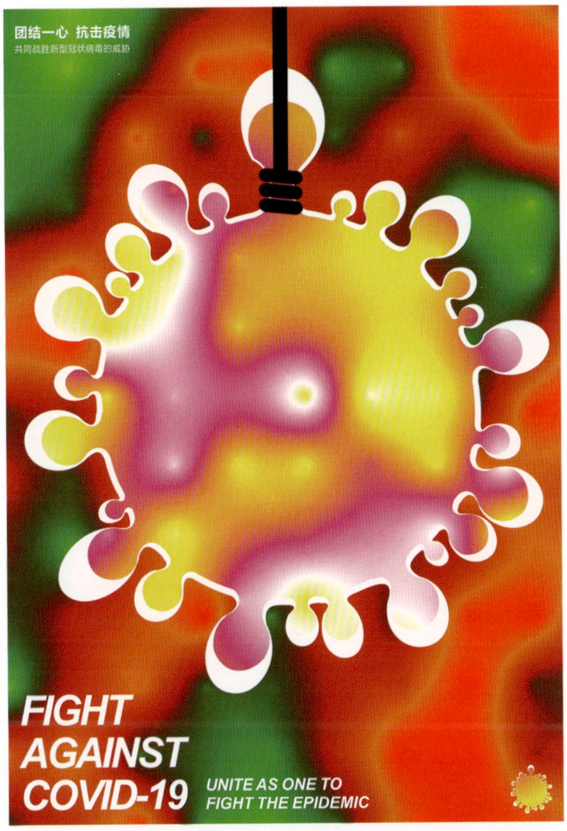

图2-51　霍楷　《抗击新冠病毒》画面高纯的互补色形成强烈的视觉冲击力

4. 设计插图与色彩的关系

（1）因类赋色、客观表达

色彩即设计插图的外衣，插图穿上色彩这一外衣，增添了活力，渲染了氛围，被赋予了鲜活的生命。设计插图需根据具象特征量体裁衣，因类赋色，表现主题。（图 2-49、图 2-50）

（2）情感表现、渲染画面

设计插图若是抽象表现画面，或单一用色彩表现设计师的情感，则需要对色彩做再创造表现，有时使用黑白极致对比增强画面视觉力度，有时使用抽象彩色对比或错视应用，增强画面的渲染力度。注意针对不同的主题采用不同的色彩运用加以表现。（图 2-51）

5. 设计插图与设计插图的关系

（1）单一视觉形象的外部形态与内部结构的关系

单一形象，其简洁化的造型易抓住观者的视觉，使之视点集中，在此，应注意外部形态的处理，抓住主要特点进行简化、规范、概括、夸张等，多余、烦琐、复杂的部分应弱化处理以强化主体特征，针对主体形象处理其大小、曲直等边缘问题；内部结构的条理化或抓住主次对比关系协调整合，使之单一整体中求变化，和谐统一。（图 2-52、图 2-53）

图2-52　福田繁雄　《UCC咖啡馆》

（2）多个视觉形象的关系

①主从关系：广告作品中出现多个图形图像表现主题或需要多种插图语言进行对比时，需考虑其面积大小比例，图形构成语言的大小对比关系，以及秩序化、散点式等形式语言。若切入画面时，需考虑图形分割边框的比例；若图形完整呈现画面时，需考虑图形与画面底图的大小比例关系，图形与图形的大小、方向比例关系；若图形之间产生分割对比构成关系时，需考虑分割的大小比例关系，分割及比例关系在画面中形成构图及版式，正是这些多种图形图像的存在，产生了其间的对比和主从关系，即要强化主要形象特征，突出表现主题，次要形象要以点缀的方式存在于画面，烘托主要形象以进行更好的视觉传达。（图 2-54）

②并列关系：在多种语言同时存在时，也可以并置于画面之中产生对比，使画面形成较为规范的梯格式填充构图或较为秩序化的效果，使诸视觉元素有序存在，犹如音乐的旋律或阶梯般。但要注意，并置存在的设计插图，若是机械地制图处理不好容易产生画面僵硬、呆板或者严肃的视觉效果。（图 2-55、图 2-56）

③渲染、装饰、美化：多个语言同时存在时，有的由于画面横向及纵深空间较为复杂，有时也可以通过不同表现手法或者肌理语言描绘多个设计插图渲染、装饰及美化画面，多种语言综合表现，看似各自独立、挥洒自如，或是肌理表现天马行空、虚实相生，实则整合浑然融为一体，产生画面渲染的氛围，装饰了美化整体形象。（图 2-57）

图2-53 佐藤 《全球暖化》

图2-54 雷克狮 《顽固不化》 多种形象切入画面产生方向感，与整体形象产生和谐的呼应与补充，活跃了画面

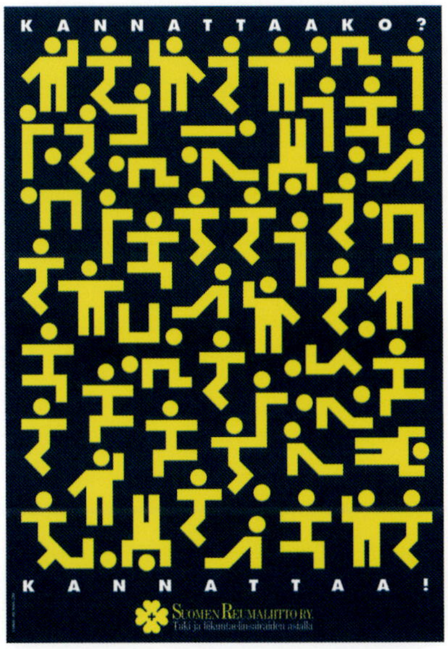

图2-55 罗利 Pekka Loiri 《保持运动》

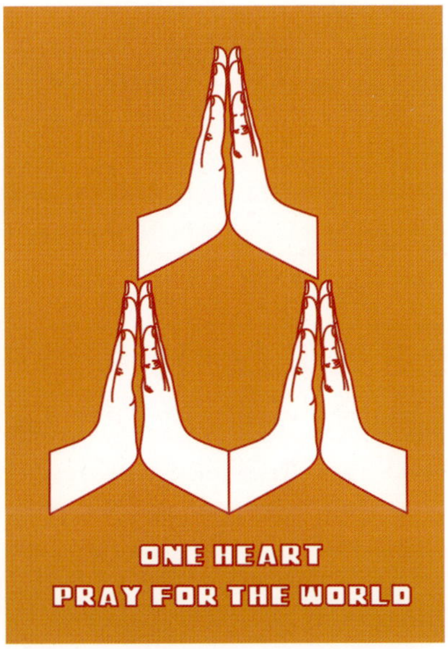

图2-56 郭晓敏 *One Heart, Pray for the World* 双手合十造型并列存在，共同形成设计主题图案

图2-57 格巴特·斯瓦 《霍马艺术画廊》

第二节 广告设计的抽象要素

一、广告设计的创意

1. 创意是广告设计的灵魂

广告设计的创意解决的是“是什么”的问题，是一种灵感，是智慧积累在瞬间所释放出来的思维果实，是从事每一项设计的必要积极构想，是告知别人要传达什么信息，而不需要别人来解释。正如德国设计师雷克狮·德莱文斯基说：一张好的海报不需要任何人来为它说话，显然它常常得为别人说话。创意应新颖独特，优秀的创意应该一眼就能吸引观者的注意力。（图 2-58）

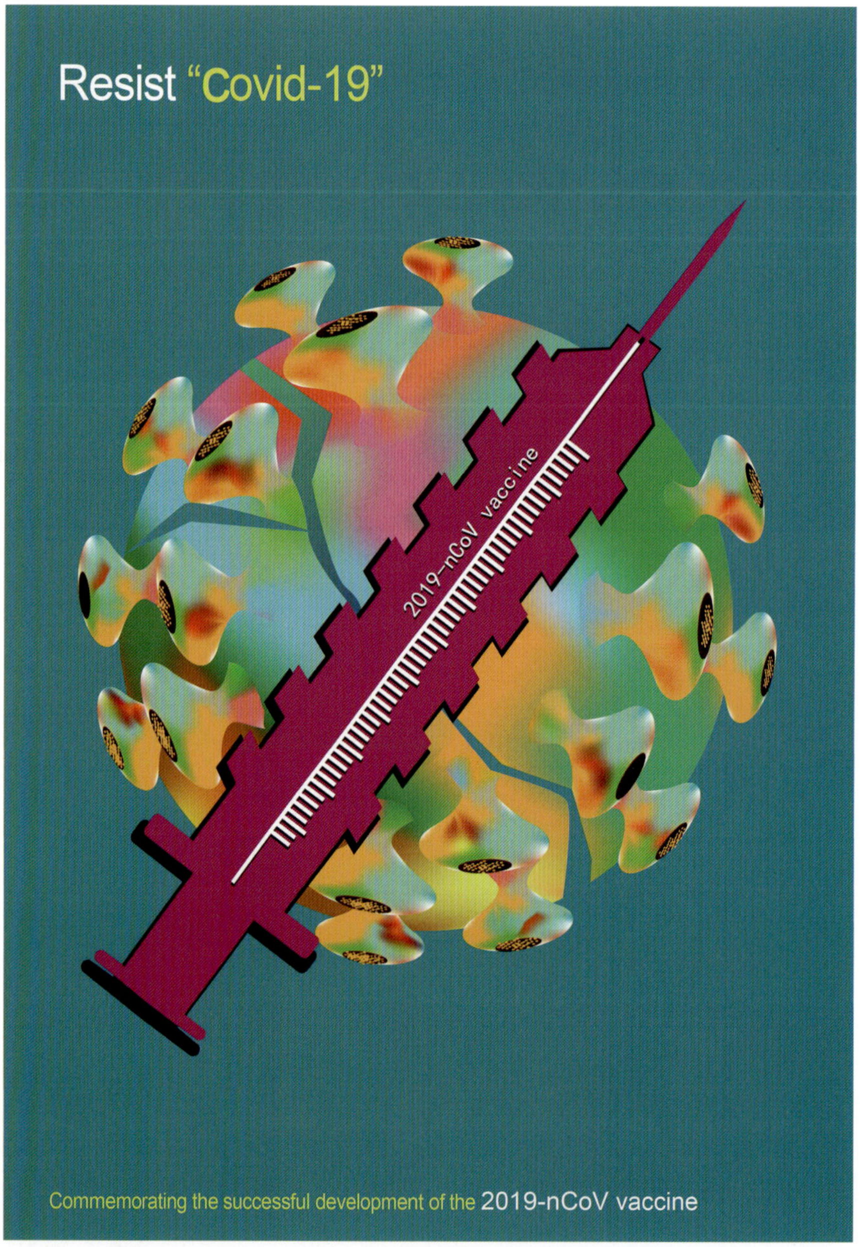

图2-58 周春丽 *Resist “Covid-19”* 装有新冠疫苗的注射器从新型冠状病毒中间穿过，彰显出抵抗疫情的主题

码2-1
广告设计作品案例

2. 广告设计创意的把握

（1）案例库与创意库积累

案例库与创意库是设计师的设计资源库，丰富的创意库有助于设计师的设计想法招之即来，促进设计水平的提高。对优秀的广告作品进行深入学习和收集，按照风格、表现手法、主题等分类整理，也是逐渐积累自己的广告设计案例库的方法之一。设计师通过对社会、生活、事件、现象的感受和认知，用草图的形式勾勒灵感，创意就产生了，长期积累创意库，有利于开拓设计师的设计思维，加深其创意理解。

（2）广告语的收集与整理

广告语具有呼吁、号召的口号性作用，是广告设计的灵魂。优秀广告设计中的广告语，往往兼具装饰、点缀、提示、整合、画龙点睛等作用。其中包含大量视觉信息与创意内涵，对设计具有一定的启迪和诱发作用。收集优秀的商品宣传广告语、公益广告口号等将有利于更加准确把握招贴创意方向。优秀的广告语朗朗上口，呼吁、引导人们快速解读广告设计的内涵，如公益广告语“贪污一根针、刺痛百姓心”，非常深刻、简练、易记的词汇，引起人们对廉政问题的深思。

（3）“自然设计”的探索

大自然广阔无垠，自然中妙趣横生，在创意形成的过程中，探索、关注自然对于发现新事物、产生新创意非常有效。德国设计师雷克狮·德莱文斯基曾说：我的所有灵感来自生活经历。生活注视着我，我也注视着生活。在“自然设计”的创作过程中，我们可以采用速写、摄影记录的方式，在自然中描绘、记录一些石头、树叶、木材、天空、水、道路及生活中经常接触的事物和生活用品，快速将其特征表现出来，并通过直接表现、联想、想象、象征、对比、置换等手法快速表现创意。这是一个探索美、发现美、欣赏美、追求美、创造美和分享美的过程。（图2-59、图2-60）

图2-59 王亚楠 《削减海洋塑料垃圾》将山的倒影置换成垃圾，以达到呼吁人们保护海洋环境的目的

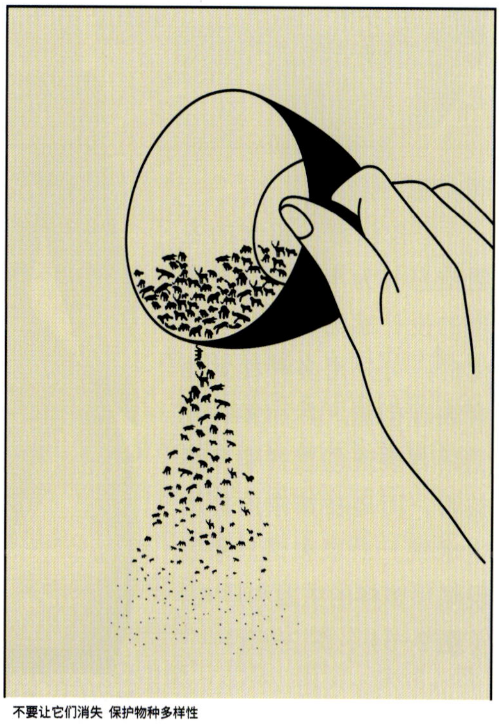

图2-60 藏美君 《保护物种多样性》

3. 广告设计中的创意元素组成

（1）单一视觉语言准确表现的创意

采用一种元素直接表现作品主题的创意，直观、简练、震撼，视觉冲击力强，易于识别和解读，但有时在表现复杂、婉转或丰富的视觉效果时易显单调。（图2-61）

（2）两种视觉语言准确表现的创意

视觉语言通过比喻、象征、拟人、夸张、对比等修饰手法，和图形元素的分离对比、并置、重叠等表现的构成

语意、造型、内涵、表现、风格等诸方面记录思维的扩散过程。作为人类记录事件、传承文明的载体，文字在思维扩散中能够快速、准确地描绘出人的主观能动性的思维运作过程，设计师通过主观海选，对新颖独特的创意进行再加工并形成作品，文字推导就完成了它的使命。

5. 创意思维凝练的方法

（1）对比法——寻找创意中的个性表现

对比，是把具有明显差异、矛盾和对立的双方安排在一起，进行对照比较的表现手法。在思维扩散产生的创意中，通过对比的手法，把不同类别的创意并置，使之集中在一个完整的比较区域内，形成明显的比较和对照关系，通过众多创意的分类比较与对比分析得出优秀的创意。运用这种手法，有利于充分显示每个创意的个性特征，抓住主要创意的艺术风格，突出被表现主题的本质属性，强化准确创意的深刻程度，加强广告创意的艺术感染力。

（2）整合法——抓住事物间的共性合成表现

整合是对事物的整体统一化，即使之合为一体，从而实现创意的优势互补、资源共享和协同工作，通过结合的方式发挥其最大创意价值。在发散思维的众多创意中，虽然表面上没有独特的经典创意，但以主题内涵与外延为中心发散的思维活动，会将必然的、偶然的联系综合起来形成创意网，综合起来的思维，将部分创意的所有优点集于一身的创意也往往令人震撼不已，这就完成了优势互补的思维整合过程。

（3）集中法——优势表现

集中法即抓住事物最突出的特征、主要矛盾优势表现、精华加工独特的创意部分，在有大量积累与分类对比前提下总结优秀方案优势表现，然后对个体创意进行集中推敲、不断完善，进而达成“语不惊人死不休”的最终经典创意。优秀广告中，其视觉语言都是通过精细加工与提纯才逐渐形成的，一蹴而就、一气呵成的优秀广告少之甚少，在其形成之前，也是经过多次酝酿、量的积累，才形成质的飞跃。

二、广告设计的形式

1. 广告设计形式感的把握

在广告设计形式探索中，内容与形式需要高度统一，什么样的内容（What）就需要什么样的形式（How）去表现，做到主题深刻、形式贴切；设计师需要深入研究画面视觉语言的不同存在关系，或张扬或严谨，或呆板或帅气，或粗狂或精细，或动感或稳定，或平衡或韵律等，抓住不同的视觉感受深刻表现主题；注重对多种存在构成形式的广度分析，探索二维空间中繁杂形象中的图形、色彩、文字等诸要素的画面构成关系，整合画面。以达到有助于创意主题的深化、创意品位的提升，起到推波助澜的作用。（图 2-66、图 2-67）

2. 广告设计形式拓展的方法

（1）对视觉空间的平衡语言的把握

画面中，两条对角线的交叉点是画面的正中心，这被称为绝对中心；而事实上人们观察的中心是绝对中心偏上的一个点，这被称为视觉中心。

图2-66 周春丽 《贪腐的深渊》

图2-67 吕莹 全国大学生广告艺术设计大赛参赛作品《全力“苏”出》

图2-68 霍楷 《两个斜塔》

视觉中心即广告设计中的视觉中心点，它就像一个宇宙的中心，所有视觉语言的重心都围绕它而进行。广告设计画面中的视觉语言，无论是散点排列还是秩序排列，这些语言都有一个视觉中心点。因此，在设计中抓住这一中心点能有效把握画面的形式语言，使画面重心居中，稳定、平衡。（图2-68）

（2）对比语言与统一语言“度”的把握

画面中形式语言的探索，无外乎形式语言的对比与统一。对比产生矛盾即跳跃感，而统一具有整体感，使画面和谐统一于一体促进传达。对比是在一定程度内调整视觉语言点线面的大小、松紧、长短、宽窄等问题；而统一是对比的统一，是在对比的基础上调整画面视觉语言的统一整体感，完全没有跳跃性的统一也会使画面单一呆板，失去视觉传达的生命力，因此，对比与统一是一对辩证的关系，皆过犹不及，在第三章广告设计的形式要素中会具体探索对比与整合的关系及应用。（图2-69）

图2-69 吕莹 《少年》

图2-70　李孟贾　《有“爱”相伴，走遍世界》系列

（3）横向空间的拓展

横向空间视觉形式语言的探讨，即对二维画面中的视觉元素的上下左右的不同位置、多种视觉语言构成的排列方式及不同设计主题内涵的形式感的探索，围绕所有视觉语言的疏密、上下、左右、大小、均衡、稳定等特质进行处理，或是个性化、陌生化排列所产生的位置变化，给人以生动感、好奇感；多种视觉语言的排列形成方向、节奏、秩序、和谐、韵律等多种形象的组合关系，正是体现广告的主题带给人们的或紧张、或严肃、或活泼、或优美等的视觉感受；不同设计主题内涵的构成形式感即不同的形式语言将产生不同的视觉感受分别适合不同的主题。横向空间的探索，正是深入研究二维画面中的视觉语言的关系，使之形式语言多样化、个性化、艺术化、人性化。（图 2-70）

（4）纵向空间的拓展

纵向空间的探索，是在二维空间内的多种视觉语言的处理下产生抽象的、主观的、感性的空间关系，并非真正的空间。二维空间中的形式语言的处理，要求设计师对视觉语言图形、文字的编排产生前后、主次、远近、虚实的变化，加强画面中的大小对比、明度对比、曲直对比、精细粗狂对比、图形软硬对比等，多种视觉语言强对比则纵深空间加大，会强化主要矛盾，削弱次要矛盾，主次分明，吸引人们的注意力，促进传达；摄影语言的主观空间关系的强化，则是强化摄影的黑白灰及纵深层次变化，会使形象更加突出，视觉语言更加强悍，对比更加强烈，因此更有利于传递信息。（图 2-71、图 2-72）

图2-71　周立清《保护森林》

图2-72　郭晓敏　《徽州印象》

（5）形式语言的无限探索与表现主题内涵的整合统一

广告设计的主题是唯一的，就像一篇文章、一首诗歌的题目，但它可以根据不同背景创造出无数的创意，挖掘画面存在的无数形式构成、编排版面，而这些画面的形式语言，虽然可以风马牛不相及地去编排，做可活跃、可严肃、可散乱、可洒脱等构图，但是总有一种或者几种形式语言较为适合所表现的主题内涵的需要，这就形成了主题的唯一性，要求创意和形式语言的准确性和深入性，偏离主题，与主题背道而驰的版面编排形式，使人解读时乏味、清淡、无力，产生偏差甚至误导；准确表现的形式语言使人解读起来生动到位、恰如其分，起到事半功倍的效果。（图 2-73）

3. 广告设计的多样化形式

多样化的形式探索，对于广告设计个性表现、新颖独特、渲染画面及增强原创性有着重要作用。画面中视觉语言存在即被感知，不同的存在关系会给人不同的视觉感受，在灵活的、多变的形式语言中选择适当的形式语言去表现画面会使主题更加深刻。对广告设计而言，简洁的日本设计、幽默现代的美国设计、理性实用的德国设计、浪漫现代的法国设计等都会在形式上给人以不同的视觉感受。因此，广告设计的形式感即以何种形式存在，解决了其中的形式感的问题。（图 2-74）

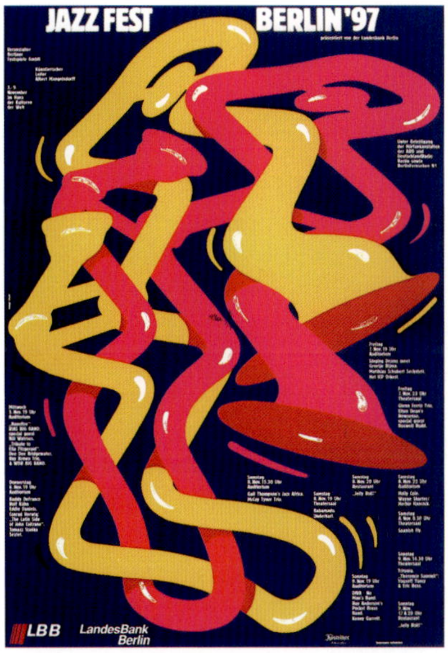

图2-74 金特·凯泽 《长号二重奏》

三、广告设计的艺术表现

1. 艺术表现于广告设计的作用

广告设计的艺术表现，通常指实现作品的艺术手法、表现手法。表现手法适合主题，则提升广告设计的艺术感染力；表现手法偏离主题，则削弱广告设计的艺术感染力。广告设计作品的表现手法应具有表现的力度，表现力是指广告设计作品中所表现出的感染力。极具艺术表现力的作品，能够增强作品的感染力，吸引人们的视觉，使观者与作品产生共鸣。

2. 广告设计的“气质”

哲学家贝克莱提出：“这样一些感情，其本身是无法被人看见的，但我们可以从人的面部表情和色彩的变化中洞见他们。这些变化是视觉直接把握的对象，我们之所以能够从中看到情感，是因为他们在我们的经验中总是伴随着情感一起出现。如果预先没有这样一些经验，我们就分不清脸红是羞愧的表现还是兴奋的表现。”从中我们能够看到，内在的气质总是通过各种各样的方式表现出来，通过一些视觉经验被人们察觉。作品中蕴含的情感，是通过艺术表现展示出来的，受众通过视觉载体感知作品表现出来的“气质”，并解读作品。（图 2-75、图 2-76）

图2-73 王楠 《夏日派对》系列

图2-75 查斯 · 美威因 · 大卫 *Right*

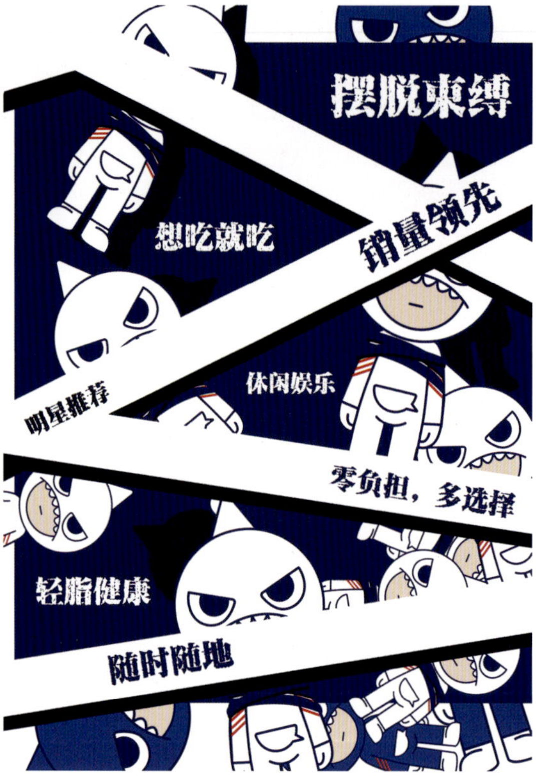

图2-76 朱宏锦 《冲破束缚》展现出大气、严谨的气质

图2-77 格巴特 · 斯瓦 《亚美尼亚共和国绘画展海报》

图2-78 格巴特 · 施瓦 《艺术节》

3. 广告设计表现力的把握

艺术表现，是视觉形象如何实现的问题。表现力强，广告设计的设计插图形象就有视觉张力或传播力度。无力的、轻描淡写的画面形象则毫无表现力，甚至影响画面整体效果。在内容形式既定的条件下，适当、个性、极具个性的表现力有利于渲染作品的艺术魅力，形成作品的特色化艺术语言，产生不同的视觉感受。美国设计师博兰曾说：“我最中意招贴带给人们的那种大气和直接的效果，招贴是我最喜欢设计的东西。”（图 2-77、图 2-78）

4. 表现力的探索

（1）新奇变化

实验证明，在两幅同样的广告设计中，新奇的表现手法容易引起观者的好奇心和注意力，

能够加深受众的视觉印象并产生持久的记忆。表现手法有很多是在前人的基础上形成的成功的艺术表现方式，也有一些设计师和艺术家把自己独具特色和个性风格的手法加以提炼、加工和总结，形成个人的风格作品，表现出新奇的手法，给人留下独特的印象。因此，推陈出新、求奇变化是表现手法拥有持久生命力的保障，也是设计师个性风格经典之处。（图 2-79）

（2）重在推敲

一幅表现手法优秀的作品，脍炙人口，使人叫绝不止，给人以一气呵成、独具风格和表现力的即视感。而设计是经历多种尝试、探索和推敲的过程，一气呵成是在众多实践与功夫积累的基础上才得以实现的。在表现一幅作品时，应鼓励设计师尝试多种表现手法、仔细推敲，以“语不惊人死不休”的态度设计作品。例如芬兰设计师卡里·碧波设计的个展海报，其将犀利的刀片和装订的扣环结合起来表现学术的犀利性和精确性，是经过系列的思考和一个多月时间的探索斟酌而实现的，堪称经典之作。（图 2-80、图 2-81）

（3）综合素养

设计没有捷径，设计项目的过程是学习的过程。设计中没有万能的方法，只能通过设计师尝试并总结经验去表现作品，例如，化妆品创意广告表现手法往往较为柔和、健康和谐与具有亲和力；为中国改革开放设计的广告则体现文化的、活跃的、生命力的和丰硕的成果；为奥运会设计的招贴则表现文化的、融合的、运动的形象。不同的内容需要不同的视觉效果去对应，因此，设计师的综合素养的提升为广告设计表现力的探索奠定了坚实的基础，提供了重要保障。

图2-79 魏歆彤 《和谐共生》系列

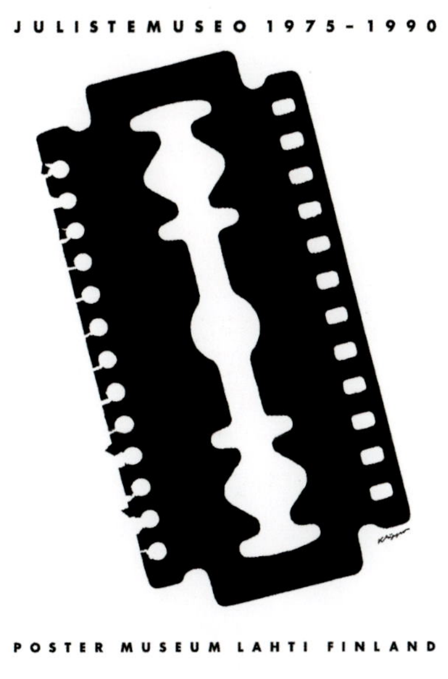

图2-80 卡里·碧波 《拉赫蒂国际海报双年展》

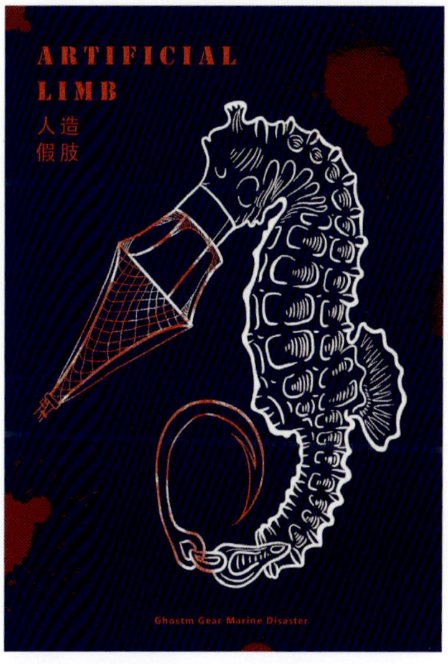

图2-81 郭晓敏 《人造假肢》

图2-82 尼古拉斯·卓斯乐 《埃勒里·埃斯凯林三重奏》

图2-83 秋山孝 《拯救野生动物》

5. 表现手法的类别分析

（1）绘画工具表现的广告设计

①绘画性广告设计表现的特点

绘画工具表现的作品，适合于帅气、豪放、顿滞、动感、现代的主题，包括油画棒语言、铅笔语言、速写钢笔语言、淡彩语言、彩色铅笔语言、干笔触语言、水墨语言、涂鸦语言等。

绘画性广告早在绘画广告时期就表现得淋漓尽致。19世纪中后期，工业革命后随着商品经济的发展、印刷技术的改进，一些艺术家投身于广告画的创作为商业服务，主要体现在“画”上面：具有一定的张贴宣传功能，一直到战后的社会主义国家的建立，大力提倡广告画的创作以促进生产、生活及革命斗争的宣传，尤其是战后的波兰和苏联等。新中国成立后的20世纪60—90年代初，主要是画家和美术工作者绘制的宣传画，强调手头绘制与画面表达功夫，虽然对创意有所要求，但更多侧重于对广告的绘制，尚缺乏对广告设计的系统性和整合性认识。（图2-82、图2-83）

②绘画性广告设计的实现

绘画语言表现包括油画棒语言、铅笔语言、速写钢笔语言、淡彩语言、彩色铅笔语言、干笔触语言、水墨语言等，力度大的干笔触语言适合表现力度感、顿滞感、沧桑感、怀旧感、严肃感等主题；力度小的淡彩及水墨晕染语言适合表现和谐的、柔和的、阴柔的、浪漫的主题；光滑笔触语言适于硬朗、深刻的画面效果；粗糙的笔触适于顿滞、肌理、渲染的主题；涂鸦的绘画语言适合表现艺术的、个性的、革新的、叛逆的、诡异的等画面效果。手写板绘图配合软件处理模拟绘画语言表现画面也大为常用，随计算机技术的发展，将会发展得越发完善与人性化。（图2-84、图2-85）

（2）摄影技法表现的广告设计

①摄影广告设计表现的特点

摄影技法表现的作品直观、有说服力。摄影语言的运用要注意其语言的光感的冲击力和摄影语言的准确把握。创意摄影表现为用摄影手段表现梦幻世界与现实世界，虚与实之间的关系，在超现实的意境中挖掘作品的内在情趣表现，因此，超现实摄影具有写实的直观摄影的基础，又有创意图形所表现出来的意境和情趣，正是体现创意所在。创意摄影广告作品不仅感染了观众，也让摄影艺术家们感觉到了摄影艺术的自我价值和应用价值的存在。（图2-86）

②摄影广告设计表现的实现

摄影完成的广告作品有直观的摄影语言和创意摄影语言，即超现实摄影语言。直观的摄影语言表现的画面，追求直接、冲击视觉的表现方式，创意摄影语言的运用，则通过摄影语言的技法及后期合成来表现其超现实的趣味和

图2-84 郭晓敏 《粒粒皆辛苦》

图2-85 林梦娇 《中国航天梦》

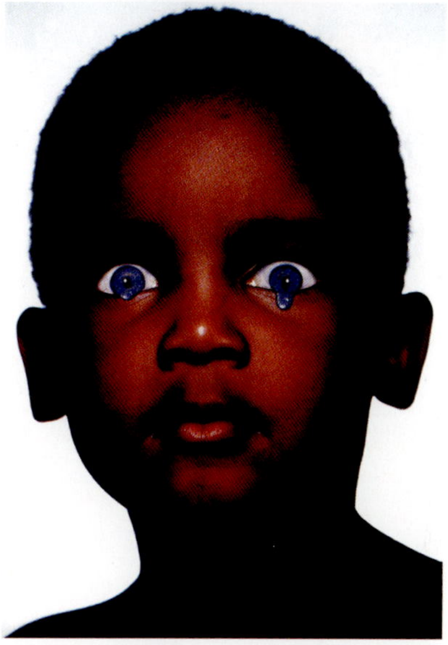

图2-86 户田正寿 《关爱儿童》

意味。（图 2-87）欧洲视觉诗人冈特兰堡 20 世纪 70—80 年代设计的摄影蒙太奇风格广告，是准确生动的视觉语言与精湛的摄影技术的结合，成为后人学习的典范。

（3）图形语言表现的广告设计

①图形广告设计表现的特点

广告设计中的图形语言给人以简洁、现代的视觉感受，图形语言来源于生活中的客观事物和印记，经过抽象、概括、提炼、加工、整合得来，这种图形语言，本身浓缩着生活中的缩影，是客观事物的反映。在信息量庞大的社会中，图形因其简洁、震撼的视觉语言具有强烈的冲击力和饱和的视觉信息量，所以简洁、现代，适合现

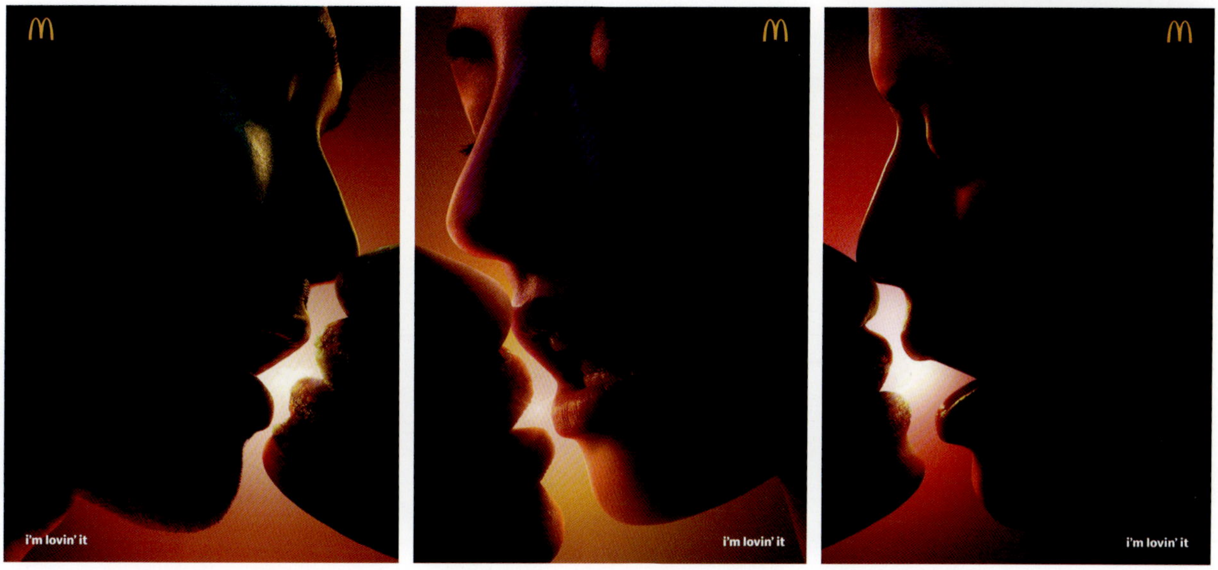

图2-87 泰国TBWA 为麦当劳创作的情人节系列海报 *I' m Lovin' It* 亲吻的对象被巧妙替换为汉堡包

图2-88 敬婷婷 《手铐》

图2-89 周春丽 《品书知味》系列

代社会的信息传播。简洁的图形语言区别于简单，简单是内容、结构或表现手法单一，缺乏内涵和表现力，因而不能准确地传播信息。（图 2-88）

②图形广告设计表现的实现

广告设计中图形化表现画面，包括直观的图形语言表现、以形易形的图形表现和图形的维度转换等。直观的图形语言表现画面，直接、快速、有效地传递图形信息；以形易形的图形设计在直观的图形表现基础上，图形的相互转换、创意超现实表现更具有趣味性；图形的维度表现使图形在二维的基础上向三维空间转换，或三维的图形语言向二维维度转换，有时产生空间的厚重感或形成矛盾空间，使画面更具有趣味性和怪异性。（图 2-89）

（4）肌理语言表现的广告设计

①肌理语言广告设计表现的特点

广告设计中，有些视觉语言表现艺术的、顿滞的、沧桑的、历史的、怀旧的等语言时，适当用肌理语言表现画面，可以渲染、烘托画面，达到事半功倍的效果。肌理的表现手法顾名思义是对视觉语言做纹理化处理，也是对作品的添加与装饰的表现，或使所表现主题的视觉语言含蓄化，使之更具有表现力，从而更加丰富画面视觉效果，渲染作品的艺术氛围。（图 2-90）

②肌理语言广告设计表现的实现

肌理语言可用人工合成，如绘画工具表现的肌理，生活中的纹理物品加工合成的肌理；也可以用大自然中的肌理合成，如大自然中存在的物象的自然肌理语言等。肌理语言可以表现在画面中出现的全部视觉语言，也可以局部单独表现或多种语言对比表现。肌理表现手法较为柔和、自然，渲染画面的效果较为理想，为了烘托画面氛围，根据主题内涵的需要可以采用不同的纹理来表现画面。（图 2-91）

（5）设计插图技法表现的广告设计

①设计插图技法表现的特点

广告中的视觉语言表现手法，经过前辈设计师、画家、插图师等辛勤的努力探索总结出多种多样的表现形式，设计插图中多样化的表现技法为广告设计的表现技法提供了基础要素条件。随着广告设计的日益发展，设计插图的表现技法日臻多样化，也将有

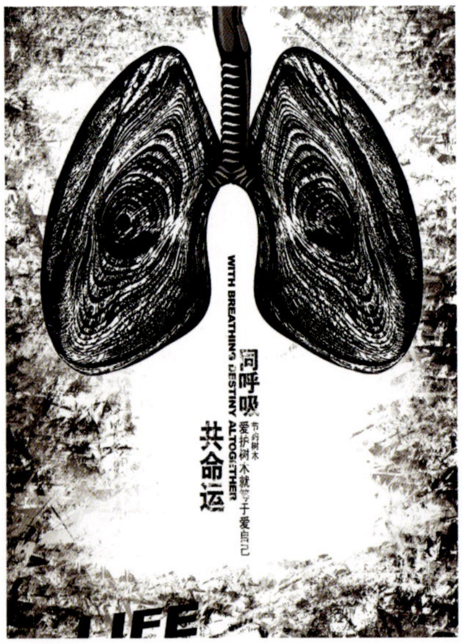

图2-90 张俊 《同呼吸 共命运》

更多的表现技法被创新出来。

（5）设计插图技法表现的实现

设计插图的实现手法多种多样，表现技法归结为写实绘画类、装饰绘画类、表现绘画类、装饰工艺类、装饰材料类、计算机插图类等。很多都是经过前人设计师总结出来的非常实用和成功的技法，也有针对独特内涵的广告设计而采用创新的设计插图语言表现画面，使广告设计插图语言的表现丰富多样。在一幅广告设计中，针对主题内涵应采用相适应的设计插图语言表现作品，使其和谐统一。（图 2-92）

（6）电脑绘画表现的广告设计

如今，伴随计算机辅助设计的发展，不乏设计师采用电脑绘画语言代替手绘方式实现设计，PS、AI、Procreate 等软件应用十分广泛，对传统的绘画表现方式带来很大冲击，越来越多的设计师习惯应用软件绘图。（图 2-93 、图 2-94）

（7）综合表现的广告设计

广告中的表现手法可以单一使用，突出一种手法的视觉效应；也可以两种及多种表现手法对比使用，丰富画面视觉语言表现手法的对比，强化艺术表现力和感染力；也可以以立体实物表现广告的创意，通过多角度传达信息；也可以是不同材料表现的有质感的广告，更真实且具有感染力。根据表现的主题内涵选择适当的表现手法。（图 2-95）

四、广告设计的创意、形式和表现的关系

1. 设计感

创意产生的设计感是广告的精髓，将决定其能为受众带来何种视觉感受。这种设计感源自画面中创意的视觉语言本身，恰如其分地反映主题，让受众准确理解广告设计中传达的内容，因此，精确、独特的创意会带

图2-92 马飞扬 《兰州先行》

图2-93 敬婷婷 《虎虎生威》

图2-94 周春丽 《天赐粮机》

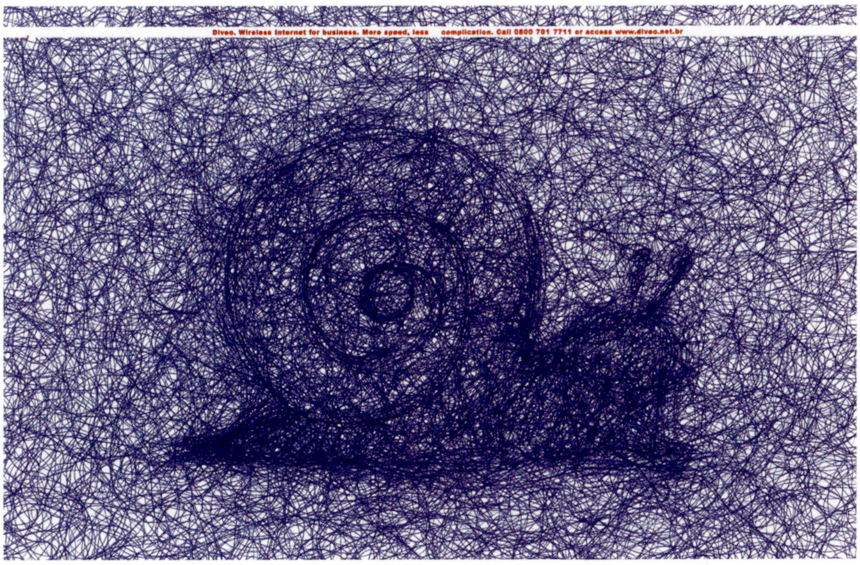

图2-91 赛德 · 美史奇 《第三届国际戏剧节》柔和自然的纹理渲染画面氛围

图2-95 仇锴 《脸谱印象》

来惊人的视觉效果，创意准确是设计感准确的前提，是广告设计的核心。（图 2-96、图 2-97）

2. 形式感

形式是广告设计的外衣，每一幅广告设计作品都以不同的存在形式展示给受众，每一种形式都是与主题创意紧密结合起来的、浑然一体的综合体，就犹如人的服装是量体裁衣、人的着装场合是因地制宜一样。创意是多样的，形式语言也是多样的，不同的创意决定着相适应的形式与之配合，使之融为一体。例如，反暴力反恐怖主义的广告设计采用的形式语言侧重严肃凝重、惊世震撼，用以呼吁停止暴力，而非以柔和浪漫的线条和块面关系组织画面。（图 2-98）

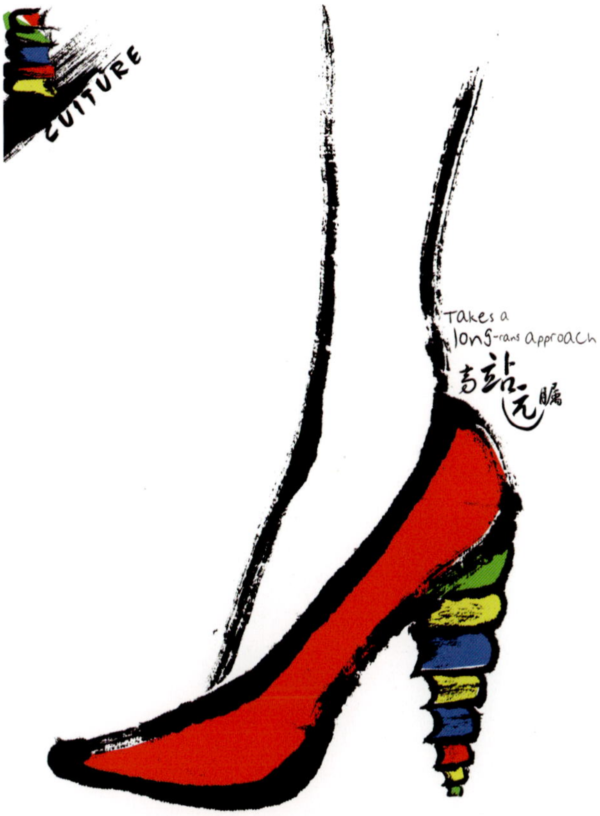

图2-96　仇锴　《高站远瞩》

图2-97　韩雪　《绿色心声》

图2-98　魏歆彤　《买卖=杀害》

3. 表现力

艺术表现是实现广告设计的方法，合理、适当的表现手法使作品的表现恰到好处，增进作品的感染力，是广告设计视觉传达过程的加速器。(图2-99) 例如，韩日世界杯的广告设计画面采用飞白的绘画手法配合以方向的构图和具有冲击力绚丽的色彩，表现极具动感的效果，渲染了主题内涵，加强了画面的视觉传达力度。

图2-99　王亚楠　《百年足迹》

课后练习

1. 复习广告设计具象元素和抽象元素。

2. 结合本章内容，从广告设计的色彩要素、文字与文字对比协调关系、广告设计的艺术表现中选取 3—5 个关键词进行海报设计，海报主题不限。

CHAPTER 3

第三章

广告设计的形式要素

第一节 广告设计的形式要素

一、基础要素的广告设计观

1. 基础要素在广告设计中的应用

一切视觉要素皆为图形，一切视觉要素皆可图形化，一切视觉图形皆可化为最原始、最简练的图形语言，一切原始图形语言皆是广告设计中的基础要素。无论作品中采用何种视觉要素，都可以转化为最原始、最简练的图形语言——圆形、方形、三角形、菱形等基本造型语言或点、线、面等构成基本语言。画面中基本、原始语言的形式分析及探索对广告设计的形式起着骨架支撑的作用。因此，广告设计中无论视觉要素多么繁杂，归根到底都是研究二维空间中的基本图形要素的关系。

（1）点构成视觉效应

康定斯基说：“点本质上是最简洁的形，它稳固地站在它的土地上，丝毫也不偏向任何一方。”单独的点能集中、稳定、抓住人们的视觉，大的点有膨胀之感，使画面产生视觉张力和冲击力。因此，在广告设计中，主体视觉元素若采用大的点状语言，会使画面膨胀产生视觉冲击力；若采用小的点化图形，则需要处理好小点之间的排列、构成与存在关系。把握点排列的方向、排列的形式、排列的大小及数量的变化与空间的间隔，可以形成活跃、轻巧等不同表现效果。（图 3-1、图 3-2）

码3-1
广告设计作品案例

图3-1 松永真 《日本》放大的点创意图形表现，具有强烈的视觉张力

图3-2 尼古拉斯 · 卓斯乐 《死去的树》

图3-3 斯拉维米亚·斯多加诺维奇 《福多爱好者》 线的粗细变化产生松紧对比

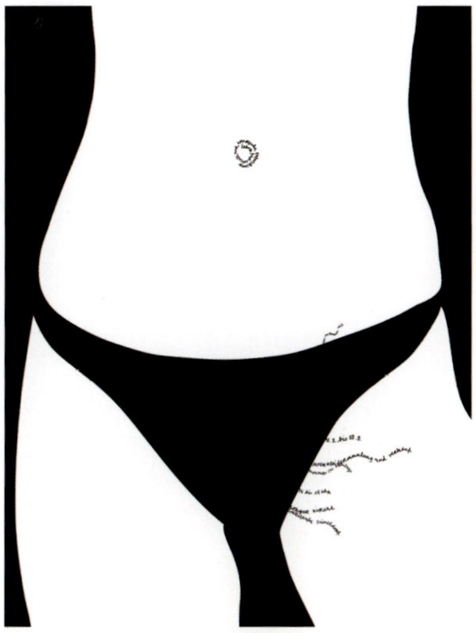

图3-4 福斯·黑格曼 《服饰收藏》

图3-5 雷克狮 《地狱高速》

（2）线构成视觉效应

康定斯基认为，线是一种来自外部的力量，是点按某种方向运动产生的。线的形态从性质上说包括直线与曲线，从形态上说，包括几何形线和自由形线。线的构成，关键在于把握线的长短、粗细、宽窄、曲直、疏密、方向等构成形式，不同的排列形式有着不同的视觉感受：垂直线富于生命力、力度感、庄重感、伸展感；水平线表现稳定感、平静感、水平延伸扩张感、呆板感；斜线表现运动感，如动向、方向感；折线方向变化丰富，易形成空间感；自由曲线表现自由、潇洒、自如、随意、优美之感；细线表现精致、挺拔、锐利感；几何曲线富于弹力，紧张度强，体现规则美；粗线表现壮实、敦厚之感。不同的线有不同的特征，应根据设计主题采用适当的线形，根据适当的构成关系组合画面。（图 3-3）

（3）面构成视觉效应

面形态的表现要点在于各种面形态个性特征的掌握，并通过形与形的组合构成形式赋予其一定的情感表现适当的主题，它体现了充实、厚重、整体、稳定的视觉效果。面形象具体分为：几何形的面，表现规则、平稳、较为理性的视觉效果；自然形的面，不同外形的物体以面的形式出现后，给人以更为生动、厚实的视觉效果；徒手绘画语言表现的面，人性化、自然美、艺术美；有机形的面，得出柔和、自然、抽象的面的形态；偶然形的面，自由、活泼而富有哲理性；人造形的面，较为理性的人文特点；不规则形的面，手撕形、偶然形，有一定的情态、情趣。各种不同的面形态语言，其间根据不同内容按照构成存在关系组合画面、表现主题。（图 3-4、图 3-5）

二、构图要素的广告设计观

1. 平稳式构成形式

广告设计中的构图很多采用平稳式构图，以对称、均衡的方式表现画面。对称是轴的两边或周围形象的对应等同。绝对对称是对称双方或多方同形、同色、同量；相对对称是对称双方或多方不同形、不同色，但量相同或相近。均衡是指在假定的中心线或支点的两侧形象各异而量感等同。均衡形式主要通过位置、比例和色彩因素取得，还可以凭借形象的运动趋势、心理特点等实现。（图 3-6）

2. 动感式构成形式

动感式构图一般采用单个图形的倾斜、透视、放射、折射、

图3-6 霍楷 《拨开雾霾 再现蓝天》公益广告

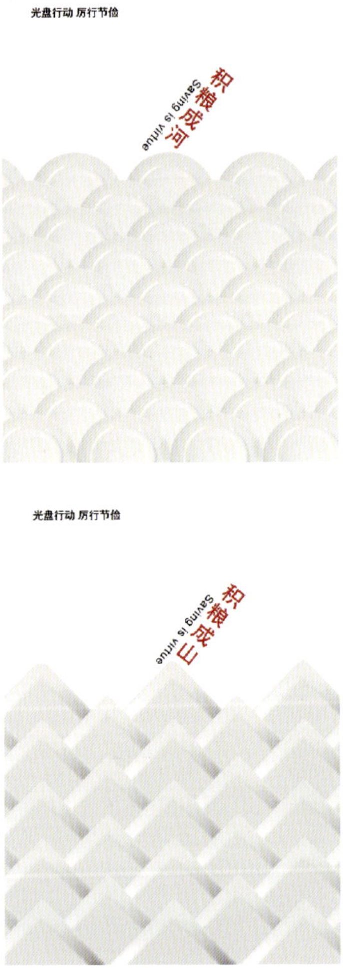

图3-8 丁燕 《光盘行动 厉行节俭》系列，盘子规律排列产生强烈韵律感

图3-7 林梦娇 《爱华仕箱包》宣传海报

飞白、波动等形式，或以多种视觉形态的重复与渐变表现画面。重复是指不同主次的相同形态、颜色、大小的反复并置。渐变是指按一定的秩序和规律逐渐地改变，包括形状渐变、色彩渐变、位置渐变和方向渐变等。重复和渐变的应用可获得强烈的动感和秩序感，打破均衡式平面视觉思维，产生强烈动感。（图 3-7）

3. 韵律感构成形式

韵律原指诗歌中的声韵和格律，在广告设计中，韵律是通过面积、体量的大小，元素的疏密、虚实交错、重叠等变化来实现的，韵律感构图适合表现柔和、轻盈、飘逸、浪漫等主题。韵律感构图引用单个图形浪线、弧线、自由曲线等要素或多元视觉图形的韵律关系，使画面产生柔美和谐的视觉感受。（图 3-8）

4. 散点式构成形式

广告设计中的散点式构图适合表现自由、和谐、随意、自然等视觉感受。散点式构图形散神不散，整体视觉效果乱中有序、不拘一格、重心稳定、整体和谐。（图 3-9、图 3-10）

图3-9 尼古拉斯·卓斯乐 《2000维利藻爵士音乐节》点的随意挥毫泼墨填充式构成使画面具有洒脱感

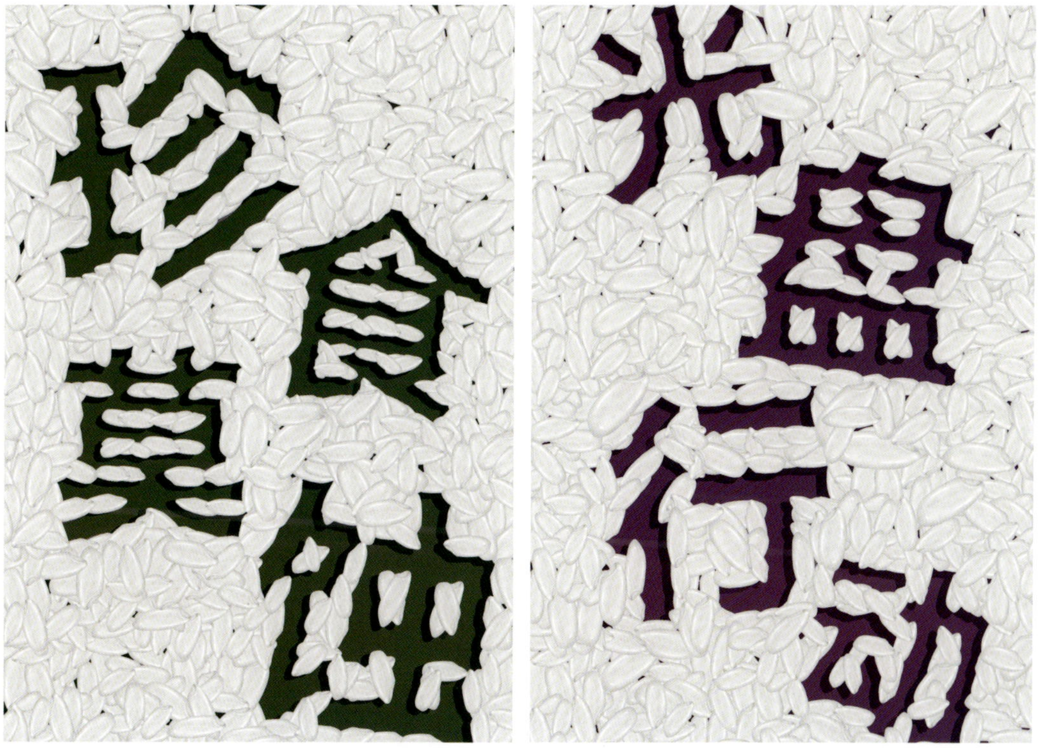

图3-10 魏歆彤 《节约粮食》海报

第二节 广告设计中形式要素的关系

一、对比在广告设计中的应用

1. 对比语言在广告设计中的应用

（1）形与形的对比

①形态大中小对比

广告设计中的多个视觉要素同时表现画面时，无疑出现形态的大、中、小面积的对比关系，这里包含图形、文字及肌理等视觉要素。为使画面主要形象突出、主题内涵突出，根据形式美的要求，一要注意作品中多个视觉语言之间的关系，二要注意视觉语言与底图的关系，三要注意切入画面的图形分割边框的长短比例关系。图形切入画面时，产生对底图的分割比例应该在形式美的要求下，考虑画面的均衡布局和比例的协调，众所周知，黄金分割点是 0.618，也充分体现了面积大小对比的关系。（图 3-11）

②形态面积对比

视觉诸要素以面积形态出现，无论是图形、色彩还是文字，能够形成整体的视觉感受。图形形成实体的面，具有整体感；文字密集化编辑，错视形成虚化的面，文字字距、行距加大空间则形成虚化的灰面，文字空间缩小则形成较为实体的面，继续之则整合为一块面积。正是这些图形、文字与色彩面积的出现，均衡了画面版图中视觉语言产生的制约力量，面与面前后、左右对比形成虚实、空间、大小变化。要学会在整体面积中求变化，在变化中求面积的整合。（图 3-12、图 3-13）

③形态方向对比

广告设计中的视觉要素能够形成方向对比关系：水平关系较为稳定，垂直关系较为庄重，斜向关系形成动感，折线关系形成空间，曲线关系形成自由韵律。画面中的形象根据主题需要有时是单一方向关系的应用，单一方向的变化会产生动力感、速度感；有时需要一种方向为主多种方向对比的组合应用，画面视觉形态产生张力；有时根据渲染画面的效果需要多种方向综合应用。形态语言的方向变化与对比应用，产生活跃的视觉效果，是探索画面形式美的有效方法之一。（图 3-14 、图 3-15）

图3-11 刘润孟 《光盘行动》系列，画面产生图形的大小对比关系并和谐呼应

图3-12 尼古拉斯·卓斯乐 《伦敦爵士作曲家的管弦乐》

图3-13 帕特里克·托马斯 设计的招贴

图3-14 詹尼·波特罗蒂 《白人体》

图3-15 李旭 《烟民之墓》

④形态空间对比

广告设计中的视觉语言在构成画面的形式编辑中能够形成空间对比关系。大面积——前进感；小面积——后退感；冲击力强——前进感；冲击力弱——后退感；表现力度强——前进感；表现力度弱——后退感；色彩纯度高——前进感；色彩纯度低——后退感。众多视觉语言编辑时，可以强化主体形象，增强画面层次感和视觉冲击力，彰显广告设计的醒目特点。（图3-16、图3-17）

⑤形态疏密对比

诸多视觉语言同时编辑画面时，为打破呆板形式使之错落变化，主观加强诸视觉要素形成疏密对比关系。视觉语言密集排列能强化视觉要素，增强视觉冲击力，但容易使画面视觉产生紧张感和拥挤感；松散图形排列，容易使画面力量分散。适当疏密结合，做松紧对比、轻重缓急变化，能够使画面产生抑扬顿挫的视觉效果。（图3-18）

⑥形态层次对比

诸多视觉语言在编辑画面时，处理其前后远近的关系能产生层次变化，利用视觉语言的叠压、并置或分离，强化其主次对比，使二维空间中的重点信息突出。强化主体语言，削弱次要语言，使画面层层深入，主次分明，有纵深的空间感和厚重感，前后空间明确。（图3-19、图3-20）

图3-16　魏歆彤　《100年润发》

图3-17　朱加莹　《爱华仕箱包纹样》系列

图3-19 Meh di Saeedi 《女士和先生，新的和平符号》

图3-18 米歇尔 · 布韦 设计的招贴，形态产生疏密对比关系

⑦形态节奏对比

节奏对比就是使画面产生节奏感，适合表现乐感、规律化、周期化、轻重缓急等视觉感受，节奏感构图引用重复、放射等多视觉元素的组合使用，犹如一段音乐中的起伏变化一样产生抑扬顿挫的节奏变化。（图 3-21、图 3-22）

图3-20 邓辉华 《无题》

图3-21 芬兰卡里 · 碧波 设计的招贴，画面图形方向、长短、粗细线条对比产生节奏感

图3-22　福田繁雄　《广岛 · 海和岛的博览会》

⑧形态曲直对比

广告设计中的视觉要素能够产生曲直对比关系。曲直对比就是画面视觉要素的刚柔对比，柔和的语言使画面和谐，刚劲的语言使画面硬朗。单一柔和的语言容易弱化画面，单一刚劲的语言容易生硬画面。刚柔效果结合，刚中带柔或柔中带刚形成画面曲直对比，产生画面跳跃又和谐的视觉效果，增强广告设计的冲击力又不失整体性。（图 3-23）

（2）色与色的对比

①色彩明度对比

广告设计的特点之一就是视觉冲击力强、给人震撼之感。色彩的明度对比强烈有助于增强作品的视觉冲击力。明度对比强，易于识别；明度对比弱，视觉效果弱化。无论作品色彩的色调是亮调、灰调还是暗调，其间的明度差强烈，有助于增强广告作品的视觉冲击力；相反，明度差弱化的作品，不易被人们识别，不利于信息传达。（图 3-24）

图3-23　冈特 · 兰堡　《一直处于炮火之下》

图3-24　吕莹　《拒绝杀戮》

②色彩纯度对比

在广告设计中，色彩的选择是减法设计，能够说明问题即可。纯色色彩响亮、跳跃，具有前进感，但容易造成画面色调生硬、火、花，适当和谐弱化的有色灰调和，会得到跳跃和谐的视觉效果。根据画面需要，可以选择：高纯度画面（纯纯对比），适当调整画面颜色大小面积关系，亮丽又跳跃；高纯度画面（纯灰对比），高纯度画面调入少量灰色，亮丽又和谐；灰色画面（灰纯对比），大面积有色灰或无色灰画面点缀少量纯色，和谐又跳跃，雅致又不乏亮丽；灰灰画面（灰灰对比），灰色系列本身的弱对比，画面协调和谐。（图3-25、图3-26）

③色彩色相对比

在广告设计中，可以是单色相、多色相的色彩对比关系，单色相可以是单色与白或黑对比关系或无色黑白对比关系，适合表现夸张、深刻、极致对比语言的主题；多色是写实、色彩渐变过渡或色彩并置对比关系，或以简洁为主准确传达信息。多种高纯色混合使用错视成黑灰色的强烈对比，适合表现真实、渲染、艺术效果的主题。（图3-27、图3-28）

④色彩面积对比

色彩面积的大小对比强化突出视觉元素的主次，大面积、中等面积与小面积色彩的对比，需考虑色彩的明度、纯度与色相关系和主题创意元素，色彩面积的呼应与和谐，应考虑画面色彩有整体的协调性，但有时为了加强画面的色彩表现效果，采用较为均等的面积直接对比，设定色彩与色彩之间面积的矛盾与个性对比，产生色彩面积均衡和相互制约的关系，形成绚丽多彩的花色调画面，强化色彩对比效果，产生强烈的块面均衡感。（图3-29、图3-30）

图3-25 马飞扬 《俊平大橙子洁面》宣传海报

图3-26 马飞扬 《运动大连》

图3-27　丹麦Finn Nygaard　《国际爵士音乐节》高纯色相对比涂鸦表现

⑤色彩冷暖对比

作品中，强烈的冷暖对比效果有助于画面的色彩感知补差，满足人们的视觉心理。实验证明，在一片暖洋洋的色彩世界中，人们还是希望得到一丝凉爽的色彩感觉；在冰冷刺骨的冷色调中，一丝暖意会产生雪中送炭的视觉效果。完全暖色调的画面，若对比效果不好则会产生燥气的视觉感受；若是完全冷色调的画面，则会产生低沉的视觉感受。（图 3-31）

⑥色彩感知对比

色彩具有表现力和装饰性特点，在色彩的运用中，根据人对色彩特性的感知表现画面，烘托作品氛围，往往达到更佳的艺术效果。色彩表现的情感丰富，有各种各样的感情，可以根据设计师的主观需要，抽象表现主题画面；也可以根据创意的元素添加与装饰色彩，产生图形和文字所没有的诱惑性。因此设计师可以根据对色彩的理解和感受，主观表现及对客观的装饰再现。（图 3-32）

（3）表现手法的对比

①单一表现手法的和谐应用

单一的表现手法本身没有其他表现手法的对比，自身协调性强，画面视觉效果表现为整体感强烈。这种单一的表现手法不需要任何手法的添加与装饰，就能达到和谐统一的效果，极为实用，如冈特・兰堡的创意摄影表现、福田繁雄的创意图形手法表现、秋山孝的速写图形表现等，表现手法不需要任何的添加与装饰，言简意赅；但如果表现主题不恰当、不准确则有时也能造成画面单一、呆板的视觉效果。（图 3-33）

图3-28　魏歆彤　《隔离》

图3-29　霍尔戈・马蒂 *Stadeum*　2000—2001

图3-30　雷又西《以色列传统知识的学习》

②多种表现手法的对比

画面中有时需要烘托效果、渲染气氛，表现手法可以几种对比综合使用。两种或多重表现手法综合运用或者强化一种表现手法为主，其他表现手法为辅的画面，会使画面表现手法丰富多样，增进作品的活跃性。表现手法是熟练程度的把握、表现力度的把握与和谐画面的把握，若是表现手法繁多则会造成画面凌乱无主，因此需要表现手法度的把握。（图 3-34）

图3-31 秋山孝 《避孕套与艾滋病地球》

图3-32 尼古拉斯·卓斯乐 《艾勒里埃斯凯林三重奏》

图3-33 芬兰卡里·碧波 设计的招贴，单一的图形表现画面

图3-34 Amol Jadhav与广告创意人Pranav Bhide *There' s Always Room for More*.Adopt 摄影与正负形手法表现画面

第三节 呼应在广告设计中的应用

一、形式感的呼应与协调

1. 视觉语言的存在状态

（1）形式语言的和谐布局（同类因素的呼应协调）

多种具象视觉语言的出现需要形式语言的处理来完成它们的存在与构成状态，我们常常论及的形式语言有均衡、对称、动感、渐变、空间、层次、韵律、大小、方向、面积、对位、疏密、软硬、肌理、质感、曲直等，它们存在于一幅画面内，其间或远或近，或大或小地产生对比关系，而呼应就是解决对比不协调的和谐的度。呼应就是视觉语言的重复主次出现点缀空间，从而达到二维空间的重心居中、稳定与视觉平衡，解决的是协调关系、和谐关系。（图 3-35、图 3-36）

（2）形式语言对比与呼应（度的把握）

强呼应与弱呼应是画面中视觉语言的关系问题，即强对比与弱对比，次要的呼应关系，实质上是对形式语言的补充与点缀。突出主要形式语言的地位，附属的形式语言产生呼应点缀的效果即可，其居于次要的、附属的地位，与主体形式语言产生大小、主次、虚实关系，并起到均衡画面视觉中心的作用。（图 3-37、图 3-38）

2. 表现力的呼应与协调

（1）表现手法的矛盾设定

表现手法是广告设计具象三要素之一，是实现广告设计的媒介。作品中有的采用一种表现手法单一地完成画面，有的采用两种表现手法对比完成画面，有的采用三种及多种表现手法完成画面。除了单一表现手法外，只要表现方式不同，则画面的实现产生矛盾，这种矛盾是使画面表现丰富多彩、跳跃活泼的因素之一，只是根据不同主题内涵要求，设定不同的表现手法及何种表现手法与之相呼应。（图 3-39、图 3-40）

图3-35　佐藤　《没有报复！》

图3-36　冈特 · 兰堡　《S费舍尔出版社》

图3-37　格巴特 · 施瓦戏剧海报

图3-38 Alieza Mostafa Zadeh

（2）表现手法的呼应与协调

画面中，表现手法的补充、点缀是以画面和谐整体为原则的，若主体视觉形象采用视觉语言 A，则次要视觉形象的视觉语言也应该采用视觉语言 A 或与之相似的手法进行呼应，使之和谐地融合为一体。譬如，画面图形形象部分以绘画、肌理语言为主要表现手法，则辅助、补充的文字、图形部分可以采用绘画、肌理的表现手法与之相呼应，增强作品表现力与和谐性，增加画面协同感。（图3-41）

3. 色彩感的呼应与协调

（1）彩色面积的呼应与协调

作品中形象色彩的附着犹如服饰，起到渲染画面、加深表现、促进传达的作用。整体色调的使用，决定着画面的色彩关系，是色彩传达的决定力量；而局部形象色彩的使用则起到装饰、点缀和补充的作用。画面的分割产生主次、大小关系，色彩的附着也同样产生主次、大小关系，色彩点缀根据主题色彩进行补充。在多个面积色彩与色彩的分离呼应中，出现大面积的色彩，若采用少面积的色彩与之相呼应或相悖使用，会使画面协调、和谐、整体，产生和谐的画面或是万绿丛中一点红的视觉效果。（图3-42）

图3-39 仇锴 《救生》

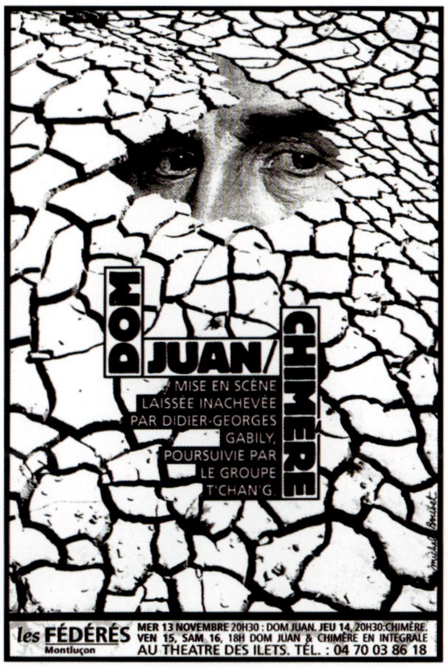

图3-40 米歇尔·布韦 设计的招贴

图3-41 孙玥 《时尚的牺牲品》

（2）色相的呼应与协调

在画面中，色相对比产生跳跃感，而多种视觉形象的出现则产生主体色相对比与辅助色相对比关系。主要色相对比中出现的色彩与次要色相对比中出现的色彩应和谐一致，如大面积的红色若有小面积的红色与之相呼应则会更加和谐；若大面积的红黄对比，采用少面积的红黄对比则更加统一。色相不完全附着在形象上，有时是单独的抽象色块的色彩关系，或者完全色彩对比的画面，这就需要单独对比与协调色彩之间的大小、主次、虚实关系，使之和谐统一。色彩和色彩的对比产生错视，多种高纯色的对比多半是解决明度的关系问题，因此色彩的呼应也是解决多彩的纯色明度间的呼应与协调问题。（图 3-43）

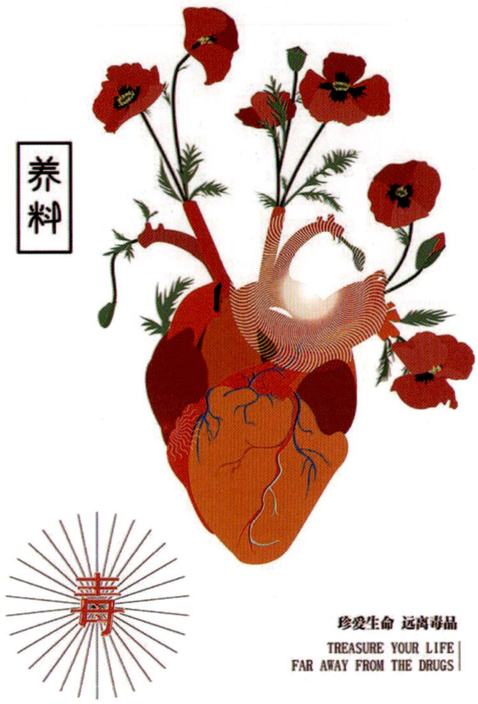

图3-42 赵芷莹 《养料》

4. 艺术风格的呼应与协调

（1）风格化与广告设计

风格的形成是设计师摆脱各种模式化的束缚、作品达到成熟的标志，因此，优秀的广告设计，是个性的、独特的、把握画面能力强的综合表现体，这也是形成各具特色的原创风格化作品的前提。各具风格的优秀广告设计作品同样也是优秀的艺术品，有可能被国内外众多招贴博物馆诸如北京艺术设计博物馆、波兰华沙招贴博物馆、丹麦招贴博物馆、芬兰拉荷蒂招贴博物馆等收藏和发表，使人们在短时间内识别即可留下长久的印象，作为独到风格的艺术品成为时代、社会、历史的见证和后人永久学习的榜样。因此，优秀的广告设计具有独特的风格，而人们接受的独特风格的作品也成了优秀的作品。（图 3-44）

（2）风格的冲突与和谐

一张作品中，独到的表现、个性的版面控制形成个性的风格。而广告作品中，有的画面表现手法单一，形式简洁；有的画面表现手法个性丰富，形式复杂，风格多样，这就需要在有限的空间内和谐呼应画面，需要重复出现主次表现因素。在画面表现多样、风格冲突时，就要注意主次关系，遵循局部服从整体，少数服从多数的表现原则，使画面表现特征的控制达到视觉效果整合为一体。（图 3-45、图 3-46）

图3-43 陆展煊 《禁止家庭暴力》

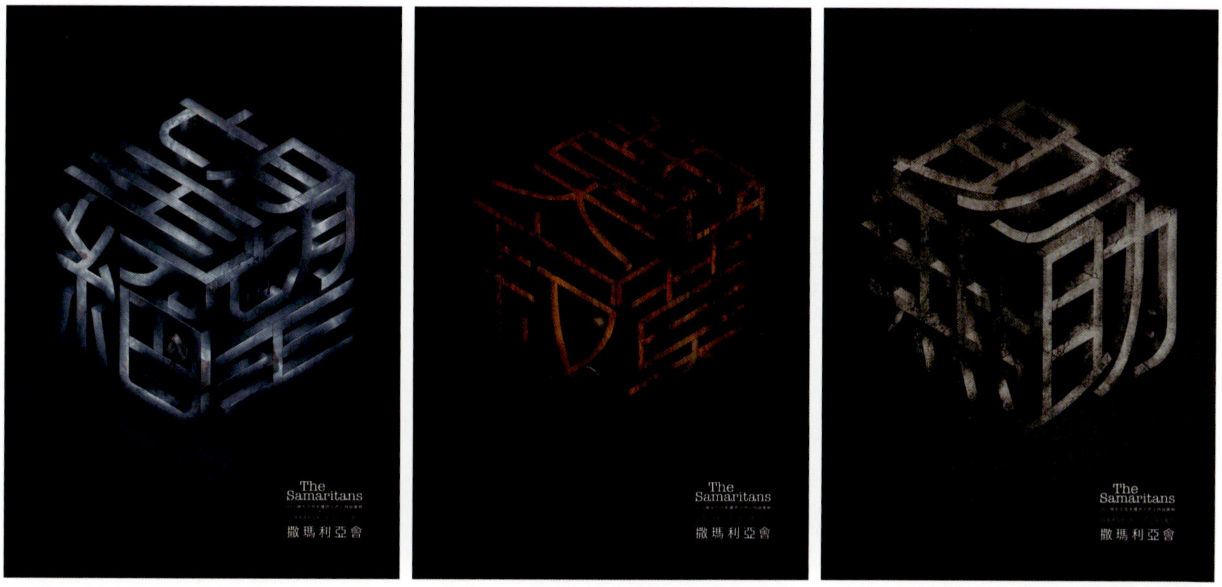

图3-44 撒玛利亚会 (Samaritans) 《“无助”“寂寞”“绝望”》系列

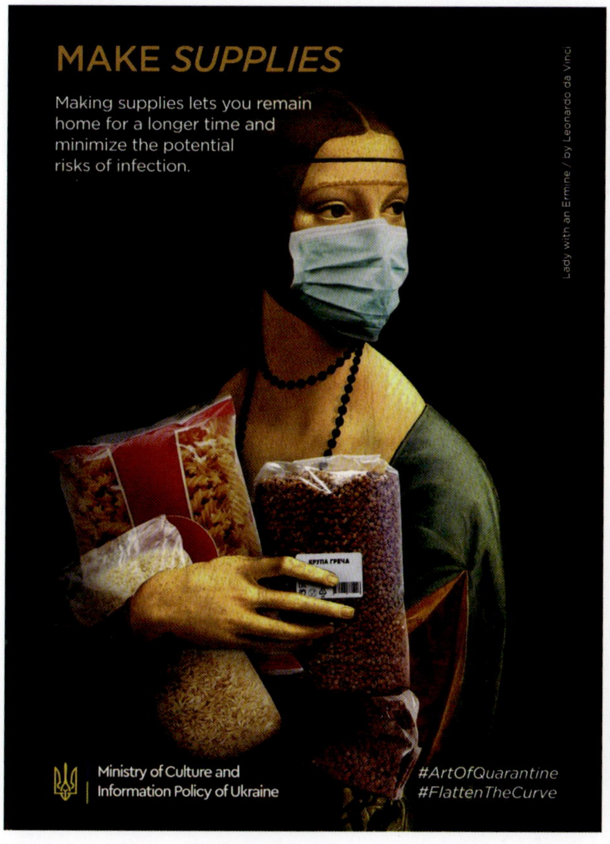

图3-45 达芬奇 《抱银貂的女子》

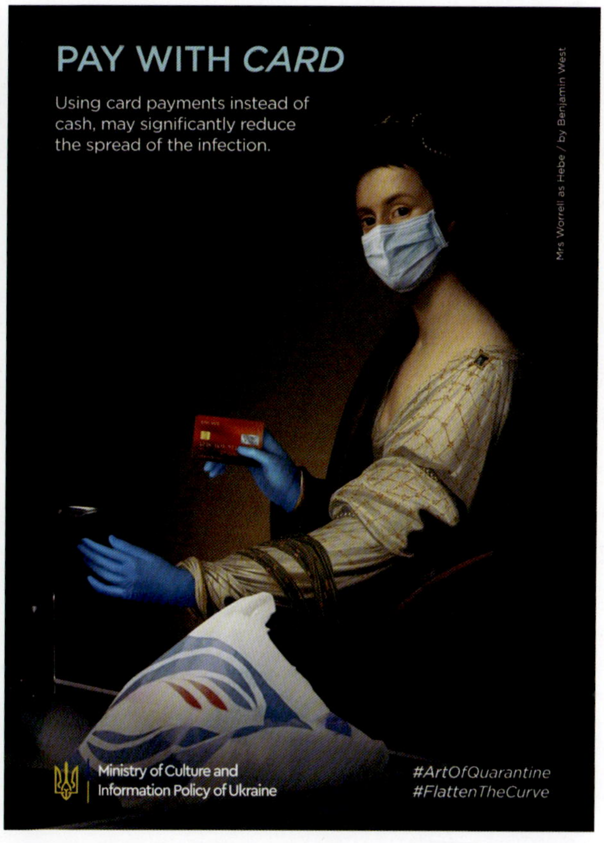

图3-46 韦斯特 《沃雷尔太太如希伯》这位太太正学着用卡支付

第四节 整合在广告设计中的应用

一、形态整合统一

1. 不同形态在广告设计中的整合

（1）概括提炼形体——形体简化整合

概括、提炼事物的形体，既可以是单一视觉形态的简化处理，又可以是多种视觉形态的整体凝练整合。通过提炼概括的手法，达到图形简化的目的。无论是设计师还是观者，都不喜欢那种混乱无序的形象，所以，作品简洁的图形，对于表现作品整体感与和谐感是十分重要的。通过概括和提炼来简化形象，可以采用平面化、抽象化手法扼要强化主体形象，使整合后的视觉元素能很好地体现视觉传达的要求，加速视觉信息的传递。（图 3-47、图 3-48）

图3-47 仇锴 《吸食生命》

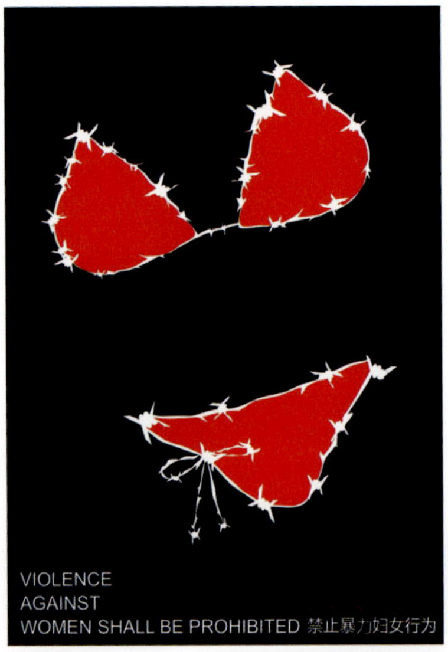

图3-48 霍楷、高翾 《禁止暴力妇女行为》

（2）形体感整合

形体包括形态和体态、二维和三维。作品中的设计插图语言有摄影语言、矢量插图、绘画语言、平面图形等。这些设计插图语言可以用单一形象表现画面，给人整合、突出的视觉效果。若多种视觉语言同时共存时，也可以用多种形体语言组合塑造形象，形成统一的整合形体，使画面整体和谐统一，局部各自为战，达到广告设计画面形体的整合，统一与对比并存，既和谐又跳跃，形体感强烈。（图 3-49）

图3-49 赵胜男 《厉行节约 珍惜粮食》系列

图3-50　安乃特·克罗格　《干涉》

（3）绝对优势整合

广告设计中使用的视觉语言，有时为了彰显局部特征或抓住形象主要特点，应适当强化主体形象，削弱其他视觉语言，使画面个性突出、优势表现；用优势语言突出、准确表现主题，形成强烈以图说理或极具张力的优势表现的画面。绝对优势不仅能夸张主体形象特征，强化视觉形象，使画面主次分明、张弛有道，准确传达有效的视觉信息，还能解决画面中大小对比的形式感问题。此外，绝对优势的次要视觉语言部分能起到装饰、点缀的作用，使得画面形象、色彩、版面视觉重心稳定、优势互补。（图3-50）

（4）视觉混合整合

当广告设计中的造型语言出现多种形象时，可以多种视觉形象密集混合表现，形成整体块面之感，使得画面整体感强又不乏细节表现，达到画面形象跳跃、活泼而又整体和谐的视觉感受。一般用于表现活泼、艺术、个性、新潮、叛逆等范畴，具有强烈的个性形式特征和表现特点。视觉混合的出现，打破了形象规范化的编辑现状，或产生蒙太奇的维度变化与空间混合，这些视觉语言的组合，不是解构的重组，而是风马牛不相及的维度的组合，在平淡中求变化，在共性中求个性，从中，能看到设计作品的风格追求与个性表现。（图3-51）

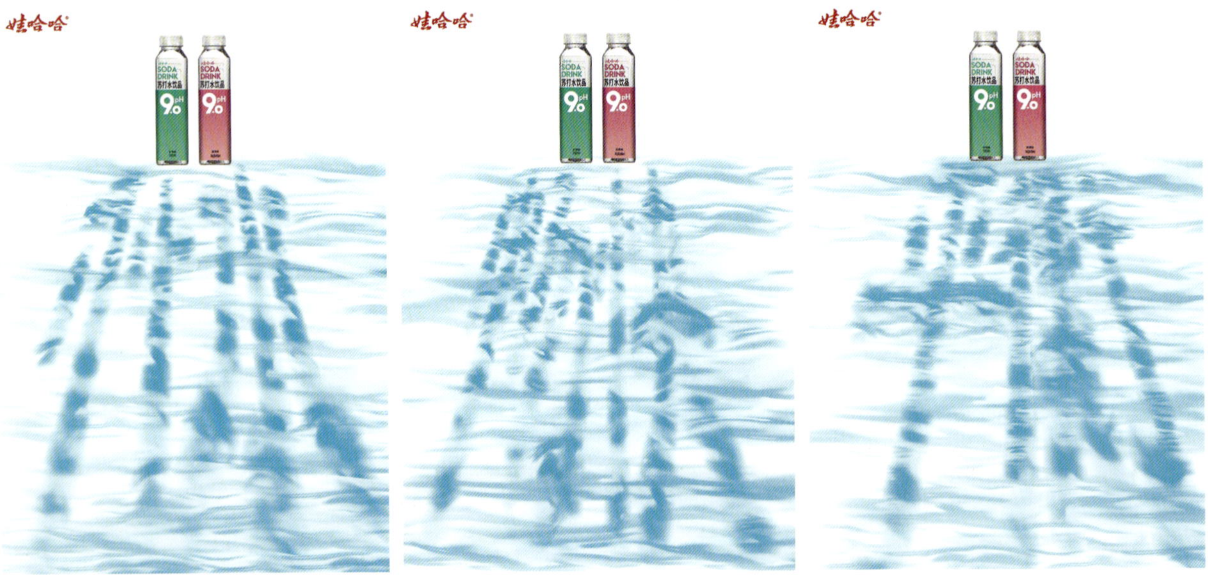

图3-51　魏歆彤　《娃哈哈苏打水》

2. 单一形态解构与重组整合

（1）解构

解构是指对图形元素进行分析并有目的地分解。法国后现代思想的代表人物、解构主义的领袖雅克·德里达，以非常准确的口语回答解构这一词，不应该以拆解 (dessoudre) 或摧毁 (détruire) 之意来理解，而是去分析形塑我们思考的论述元素和分析长期沉淀的哲学论述结构。在《解构主义设计》中，“根据马丁·海德尔的论断，解构具有‘分析’‘翻掘’‘揭示’之意”；“埃森曼把解构称为‘扰乱了的完美’，可以把这种倾向表达得最为‘完美’”。广告设计的解构意为把视觉元素进行有目的的分解，既不失原有的特点又有其创新意义。（图 3-52、图 3-53）

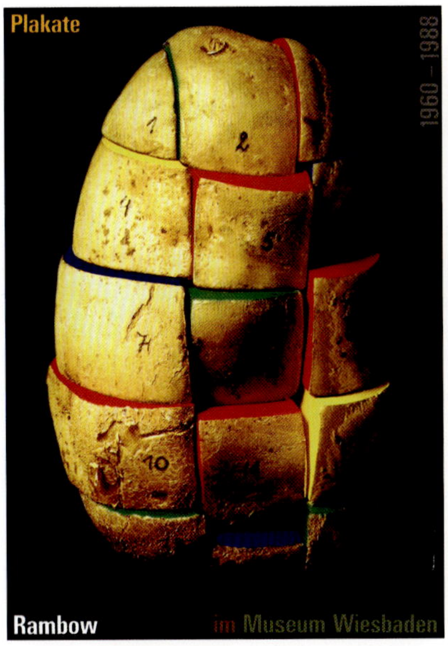

图3-52 冈特·兰堡 设计的“土豆文化”个人展览招贴

图3-53 波兰海报

（2）重组

广告设计中的重组，是将各种解构的视觉元素有次序、有目的地组合到一起，形成一幅完整、和谐的画面。单一语言的解构与重组既是继承与创新的结合，又是创意、形式、表现语言的整合。重组开创了视觉语言的重新再造，形成了新颖的、扰乱了的秩序美，或风马牛不相及的形式美，这些表面看似不相及而实质上组合起来的视觉元素，给人以意料之外却又情理之中的意趣、新颖和离奇的美。重组，不是简单的拼贴，而是在视觉物件中经过设计师的表形、表意等去寻找他们本质的、内在的联系，正是这些桥梁作用使之成为融合的整体，给人一种超现实之感。（图 3-54、图 3-55）

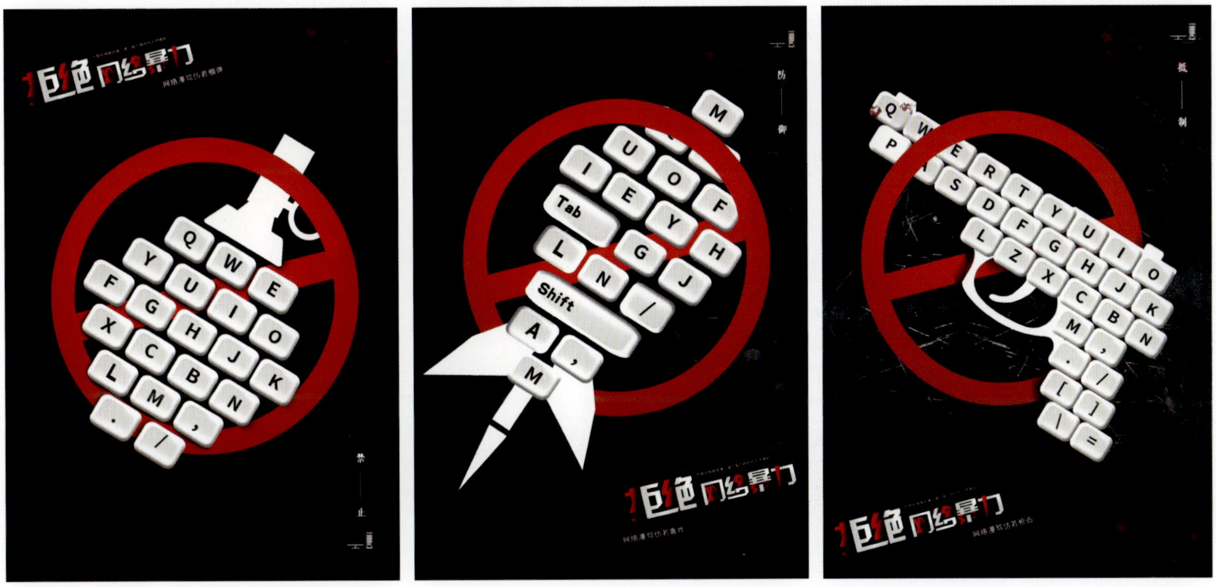

图3-54 姜梦昕 《拒绝网络暴力》系列

图3-55 霍尔戈·马蒂斯 《为了和平的艺术家》

图3-56 Dawid Ryski *Modest Mouse*

图3-57 格吕特纳 《鲍里斯·戈东诺夫、穆索尔斯基》

二、表现手法整合

1. 整合视觉诸要素同一表现手法的关系

同一表现手法在画面中的整合效果较为和谐，在整体统一中为丰富画面视觉效果，就需要对装饰与点缀的大中小的手法的协调对比地使用，例如单一绘画语言的广告设计作品，整体语言帅气又和谐，充满动感与力量，在视觉语言中把握视觉诸要素的表现手法的和谐对比与装饰点缀。（图 3-56、图 3-57）

2. 整合视觉诸要素不同表现手法的关系

广告设计作品为了烘托氛围或增强对比效果、深入表现主题，往往采用两种或多种手法表现画面。多种手法同时表现一张作品时，可通过以下几种方法实现：（1）以一种手法为主，其他手法为辅，强化主要表现手法，削弱次要表现手法；（2）统一手法间的矛盾，将各种不同的表现手法强烈统一于一种形象之中，形成乱中有序之美，各种矛盾相互抵消，形成跳跃又和谐的视觉效果；（3）制造手法间的矛盾冲突，让冲突的表现手法以绝对优势及点缀的形式出现，营造万绿丛中一点红的视觉效果，丰富画面。（图 3-58）

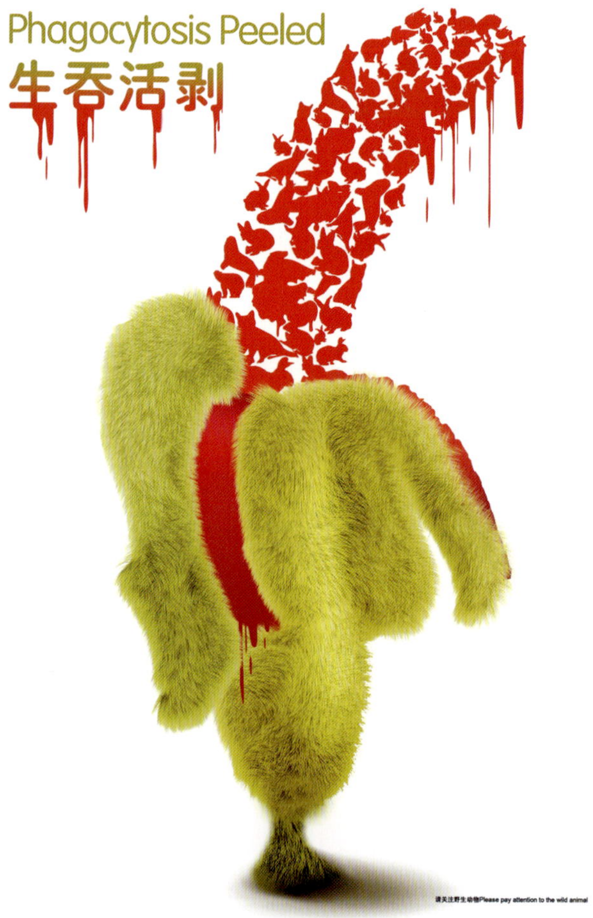

图3-58 刘学 《生吞活剥》

三、形式构成整合

1. 单一性形式语言的和谐应用

单一性形式语言中的单一，并不是单调，而是构成存在的形式统一。画面中单一形式构成语言的应用，使画面和谐、整体，适合于表现极为整体、和谐的主题，形式语言正式、直接。例如单一的线化、点化或面化的语言形成的构成对比关系表现的画面，促进形式感的高度统一与协调，但要注意单一形式语言中的图形、色彩、文字的对比与跳跃感。（图 3-59）

2. 多种形式语言的整合应用

（1）规律性形式语言的统一

用秩序化、节奏化、韵律化的语言表现画面时，画面产生规律性，这种多样化的规律语言表现为渐变、放射或有规律地排列成不同形式造型等，画面综合效果比较整体又不乏细节表现。规律性的表现形式使画面秩序分明，节奏感强烈，犹如排比般一浪高于一浪重复出现的秩序，因此很有表现力，是多种视觉语言的规律性和谐整合。（图 3-60）

（2）散点式形式语言的整合

画面形式语言较为丰富，会出现散乱排列形式、乱中有序形式、综合散点语言形式等。其视觉效果表现出随意、豪放、洒脱之感，需要设计者对表现的主题准确定位，选择适合表现的手法或多种手法加以整合。和谐处理好画面中出现的形式语言，是每个广告设计者为之热衷、探索的话题。（图 3-61）

（3）综合形式要素的和谐整合应用

在广告设计中，形式的应用是多样化的，多种形式构成时，可以以一种形式语言为主，其他形式语言为辅，使画面多种形式语言综合使用。例如画面表现音乐会的海报设计，整体形式语言采用动感的不同曲线对比，适量辅助少量的点化语言，或点缀局部肌理语言，根据画面的主题韵律或波澜起伏的乐感穿插使用对比与协调的形式构成，使画面既跳跃又统一于一体。（图 3-62）

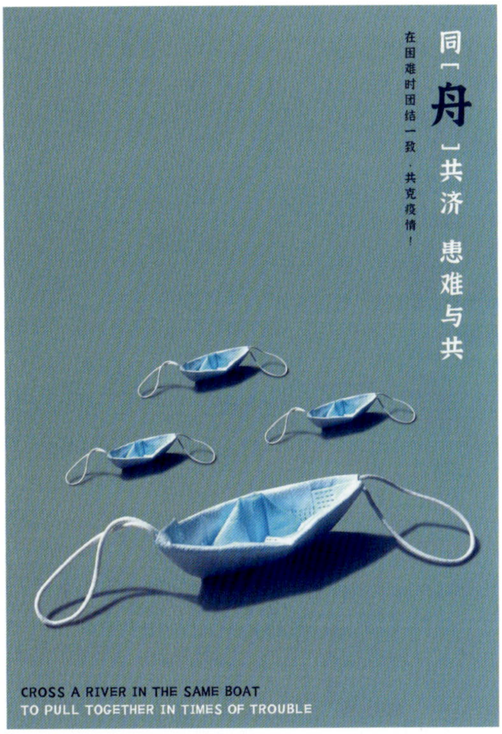

图3-59 秦晋 《同舟共济》

图3-60 冈特 · 兰堡 《通向宇宙空间的时间到了》

图3-61 尼古拉斯 · 卓斯乐 《柏林卓斯乐爵士海报展览》

图3-62 卡里 · 碧波 设计的招贴

图3-63 霍楷 *Carbon Dioxide Crisis*

（4）形式简约主义整合

简约主义这一名称最早由美国著名的艺术评论家巴巴拉 · 罗斯（Barbara Rose）发明，“指称、概括和形容美国 20 世纪 60 年代出现的、受战前俄国构成主义、荷兰风格主义影响启发的年轻的抽象艺术家的创作，主张用清晰、明确、纯粹、冷静的抽象形式表现作品”。平面设计师中，简约主义的公认领袖是英国设计师奈维尔 · 布罗迪（Neville Brody），“对比强烈、手法生硬的图形、字体、版式来展现独特的内涵，将观点鲜明的内容视效醒目的形式完美结合”。简约主义整合，贵在采用简洁的形式语言表现作品深刻的内涵，对画面形式做减法，精益求精。正如芬兰设计师毕卡 · 罗利曾说：简简单单，简约即美。（图 3-63）

课后练习

1. 了解广告设计中不同形式要素和主题的关系，并结合实训项目进行设计。
2. 探索不同的形式感，并结合实训项目进行设计。

CHAPTER 4

第四章

广告设计的视觉传达形式

第二节 广告设计视觉语言的表形传达

一、广告设计视觉语言表形传达的理解

表形，是指视觉语言中形体的变化。广告设计视觉语言的表形传达即通过对广告设计插图构形语言的处理和变化来传递视觉信息。表形传达中图形的参差处理、巧妙变化形成独特的视觉效果，达到以形动人的目的。整体表形传达过程，是通过设计师对各种造型的理解和运用、形与形之间的结构变化和形态变化、表现手法的变化及构形的处理，形成生动的表形作品。

二、广告设计视觉语言表形传达的方式

1. 单体插图传达式

单体插图传达是指画面中出现一种插图语言表现即可说明问题、表现主题。单体插图传递信息较为直观、醒目，一般采用醒目的、冲击力强的图形设计插图语言，用适当的构成形式和表现技法实现画面，产生严肃、正式的感觉，能取得较好的视觉效果。但单体插图表现画面时，由于视觉语言单一，容易产生画面单调、简单、孤立的感觉，所以在设计插图选材时，要根据所表现的主题谨慎地构形。（图 4-16）

图4-16 霍楷 《珍惜水资源》

2. 双体插图传达式

双体插图传达是指画面中出现两种设计插图语言，两种设计插图语言形成两块图形或者两种视觉语言，按照所要表现的主题的创意内涵组合画面，但需要注意这两种语言的主次、大小关系及层次、平面和纵深的空间关系，或根据需要采用绝对均衡感的构形。双体插图传达式较为多见，画面较为活跃，能取得良好的视觉效果。（图 4-17、图 4-18）

3. 多体插图传达式

广告设计中的多体插图传达是指画面中采用多种设计插图语言，有时主题中包含大量丰富的视觉信息，或表现活跃多样的设计形式感，需要大量的视觉语言构成画面。应用时需要注意画面中多种设计插图的对比和整合关系，按照画面中多种元素的对比与协调，夸张与削弱，形成画面既统一又协调的视觉感受。在设计插图的选择上，不是绝对的单体、双体和多体，单体、双体、多体间往往可以相互转化，相互融合。（图 4-19）

4. 重复表达

重复的形象具有视觉传达的强化性，犹如一浪接一浪的视觉冲击力度，强化形象对受众产生的视觉印象。重复的语言包含基本形语言的重复、单位形语言的重复、方向的重复、层次空间的重复、色彩的重复、形式语言的重复以及其相互之间的综合运用，时而产生整合的视觉效果，时而产生韵律感的视觉变化效果，时而产生视觉延伸的变化效果。例如公益广告《全民出击 众志成城》，重复的拳头造型对准新型冠状病毒，全方位出击，有规律地造型，产生整合的秩序图。（图 4-20）

图4-17 保拉·斯切《上层人下层人》

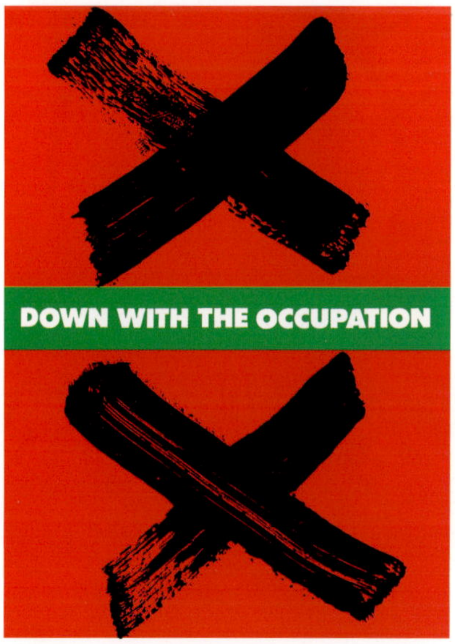

图4-18 塔特科瓦 《打倒侵略者》

图4-19 霍楷、樊丁宜 《廉洁·让社会更和谐·让生活更美好》系列

图4-20 霍楷 《全民出击 众志成城》

图4-21 周春丽 《种族和谐 精彩世界》

图4-22 Kazumasa Nagai设计的招贴

5. 形变表达

视觉语言在造型上除了写实手法直观表现画面外，还有形变手法表现画面，形变都是对原造型的处理变化，使之更促进视觉传达。视觉语言的形变，往往是在造型变化的部位做文章，产生离奇的、风趣的、点睛的视觉效果。造型语言的变化，有的采用夸张变形，使之加深理念传达；有的采用形态视觉元素的变化，达到图形创意的目的；有的采用图形的装饰变化，使之更具有艺术审美性；有的采用表现手法的艺术处理，让造型语言的变化更具表现力；有的采用简化概括的处理，使之主体突出，更加促进信息传播。（图 4-21、图 4-22）

6. 空间转化表达

图形的处理可以采用空间内的合理表现，直观传达信息，也可以采用空间维度的变化，产生超现实的趣味和意念，在空间维度上表现为二维、三维空间混合或矛盾空间等视觉错视效果，维度的转换将产生超然的意念传递视觉信息。早在超现实主义流派中，就有画家对空间维度变化进行探索，如达利、马格里特等画家，他们笔下的作品，妙趣横生，意念非凡；欧洲视觉诗人冈特·兰堡设计了一系列的维度混合的作品，将二维空间与三维空间混合设计，形成视觉上的矛盾，产生趣味性；日本设计师福田繁雄对图形的探索达到登峰造极的地步，笔下的矛盾空间作品形式简洁、趣味无穷，体现出作品严谨中见风趣的设计风格。（图 4-23）

7. 正负形表达

正负形是图形变化传达信息的一种特殊形式，通过正形（主体形象的塑造变化）和负形（空白底图空间）产生正反对比，使作品表面形象突出，隐含在作品中的负形解读后令人回味无穷。正形是表面、直观的语言，

体现表象的特征；负形往往是隐含、暗表于作品中的隐性形象，常常出乎意料，又在情理之中。因此，正负形变化传达信息的作品，往往具有双重表现性和正反对比的深刻性，要比只通过表象图形传递信息的作品更具有形象的表现力和内涵的感染力。（图 4-24）

8. 同构表达

同构图形是图形变化的一种形式，通过线或面的共用变化，把不同的视觉形象构建在一个空间内，整合为一体传达视觉信息。同构图形通过造型上的相似性联系巧妙地把相似共性或相悖等风马牛不相及的事物联系到一起共同表形达意，使作品的联系性更加强烈，表现更为突出。此种变形作品中的创意点往往体现在同构的造型上，也正是创意精妙与表现和谐的体现。（图 4-25、图 4-26）

9. 系列广告传达式

在表现一种主题内涵或相近主题内涵时，采用系列招贴的形式更有利于信息的传达。系列广告表达同一内涵可从一个主题的不同侧面多角度反映客观现实，每张广告的主题可以相同，辅之以不同的副标题或补充说明文字进行系列表现；表达相近主题时，则可在一个大的框架内分别阐述不同的现象。系列作品的设计风格既要有对比又要协调，既要相对独立地表现自身的个性特征，又要用相统一的设计形式与表现手法使之统一。系列广告的设计形式犹如文学中的修辞手法——排比，强有力地循环表现，一浪一浪层层推进、深化主题，更具有作品表现的力量和视觉传达的力度。（图 4-27）

三、广告设计视觉语言表形传达与表意传达的转化

1. 以形取意

广告设计中的图形造型语言给人以不同的感受，或犀利，或粗犷，或严谨，或豪放，而形与形组合而成的创意更是奇妙无比，经过设计师

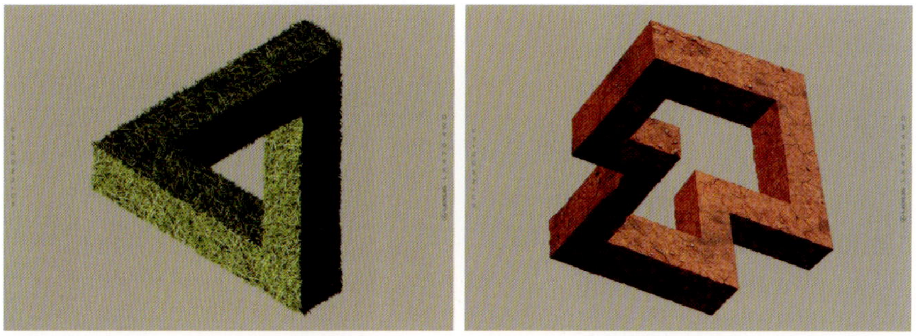

图4-23 LEXUS公司新型车宣传广告，“L”对于雷克萨斯具有特别的意义，该广告即以“L”为突破点进行错视空间广告设计

图4-24 Noma Bar *Be A Hero. Be Boring.*系列

的加工处理，产生各种不同的意念。形是作品的躯壳，意是作品的精神和灵魂，通过精神表现出作品的灵性，可见形与意不可分，形决定意，而意反作用于形。

2. 以意传神

广告设计中的意是表现特有的理念，传达着作品表达的思想和哲理，这种思想传递给受众，产生一定的情感效应，意传递的过程被看作是情感的传递，也就是将设计师思想中使两者流露出来的情感转达给人们，以告诫、警示、引导、呼吁人们的思想，并使两者产生共鸣，完成情感交融的过程。

3. 以情动人

广告设计作品就是设计师情感的流露和表达，尤其是贴近生活贴近大众的公益广告，传达设计师情感的力量更为突出，直抒胸臆。远看战争的宣传画，近看环保、抗震救灾的宣传画，无一例外都是在表达情感，以情动人使受众与之共鸣。

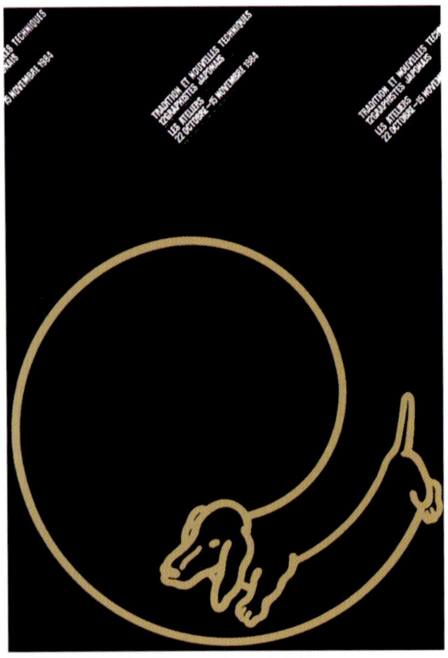

图4-25　福田繁雄　作品

图4-26　佐藤　《国际大自然电影节》

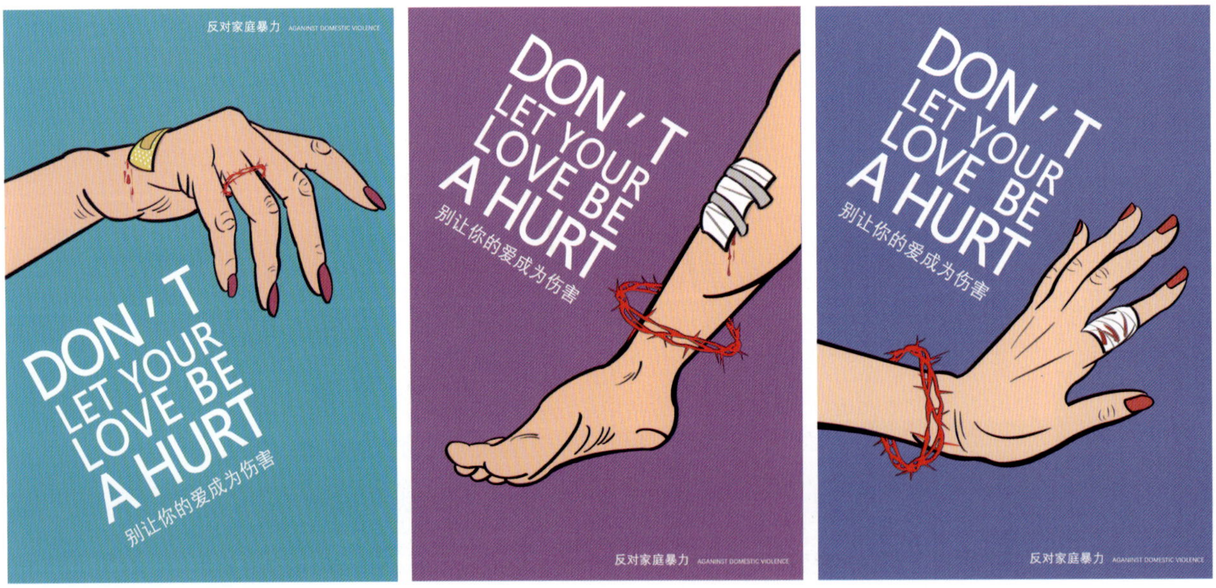

图4-27　张佳馨　《家暴荆棘》系列

一、张力表现

1. 强化量感

主观加强作品的分量感，强化黑白对比关系、质感的描绘、块面对比的强烈、色彩的饱和等，冲击人们的视觉，使作品产生更强烈的重量感。相反，轻描淡写表现的作品，张力不会很强烈。（图 4-28）

2. 强化力度

主观加强作品的力度感，强化曲直对比，强化表现手法的力度，强化构形的方向对比等，使作品无形中产生速度感、力量感、方向感等，这样能够强化作品的视觉传达力度。而随手捏来的造型语言，其推敲的程度也较为弱化，力度感不强。（图 4-29）

图4-28 徐阿俏 《竭泽而渔》系列

3. 强化动势

主观夸张作品的表情及形象特征，强化造型语言的动势、夸张造型语言的特点、赋予造型语言的情感等，会加深作品流露的感情，促进视觉传达。（图 4-30）

二、视觉冲击力表现

视觉冲击力强是广告设计的特点之一，能够抓住人们的视觉，有助于信息的快速传播。正如日本设计师秋山孝说：“一张好的招贴是简洁的并能抓住你的注意力的。它让你停住并且唤起你的兴趣和欲望，那种使你想触摸那张招贴的欲望，它能使你高兴，给你带来愉悦。”因此，强烈冲击力表现的作品适合设计师探索研究的、迎合现代社会多样化发展信息的要求，使作品在繁杂的广告大潮中脱颖而出，立于不败之地。冲击力因素需要考虑到以下几点。

1. 强化明暗

明暗对比强烈的广告作品，能够增强视觉心理的重量感和沉着感，易被人识别和感知，有时甚至采用黑白直接对比的手法来表现画面；而画面灰弱无力的作品，不易被受众识别和解读。（图 4-31）

2. 强化特征

抓住所要表现视觉语言的主要特征强化表现，彰显主要视觉形象，易吸引人们的视觉，如亚历山大 · 法尔仃设计的

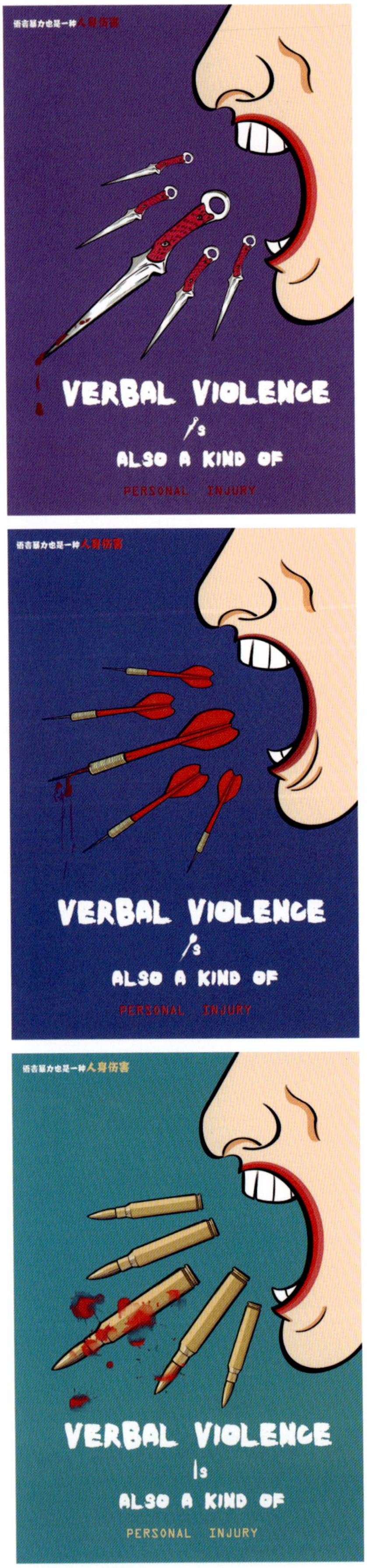

图4-29 张佳馨 《语言暴力》系列

图4-30 林梦娇 《爱华仕箱包》宣传广告

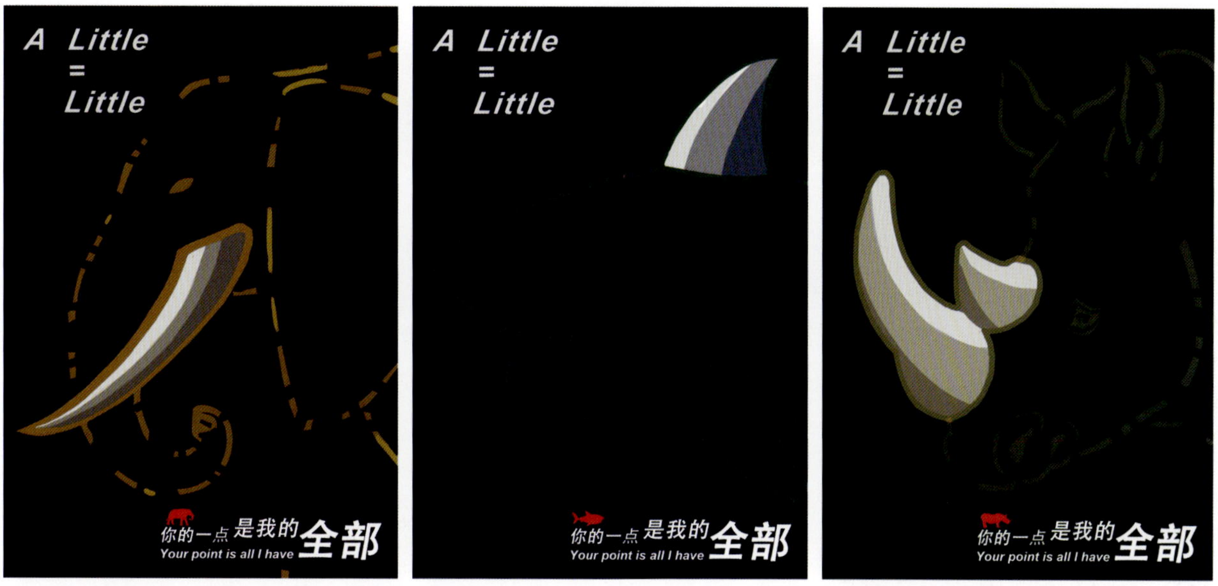

图4-31 曹武璇 《你的一点是我的全部》系列

Antismoking poster，采用张大的嘴和烟头形象组合设计，令人惊心动魄。（图 4-32 、图 4-33）

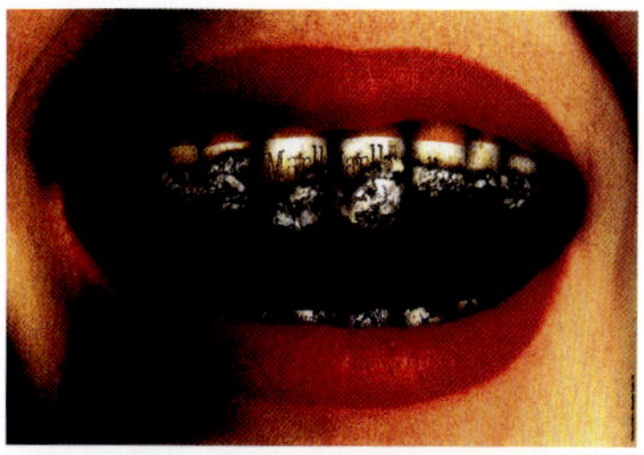
图4-32 亚历山大 · 法尔仃
Antismoking Poster

3. 强化创意

德国设计师赫尔姆特 · 朗格说：“一张好的招贴是吸引人的、有创意的、有效并且简洁的。”因此，精简的创意不但能深刻地表现主题，而且能使观者惊叹创意的巧妙，反映主题并快速传达信息，使观者与作品产生共鸣，发人深省。（图 4-34）

4. 简化处理

德国设计师雷克狮 · 德莱文斯基说：“电影导演需要大约两个小时来表现他的主题，而电影海报的设计师只有几秒钟来达到同样的效果。”这说明，一张印刷的纸上艺术通过简洁的形式便能传达视觉信息。简洁是指从繁杂的信息中提取主要的、概括的部分进行加工整理，彰显主要结构特征，削弱次要部分。简洁的作品具有震撼力，能够快速、准确、直接地传达广告中的信息。（图 4-35）

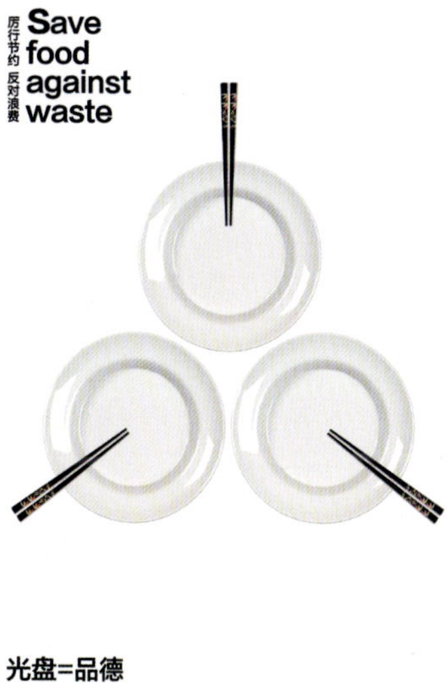

图4-33 杨韫嘉 《光盘=品德》

5. 趣味处理

怪诞、离奇造型的视觉语言，具有新颖的视觉感受，会增加观者的好奇心，使其对作品产生注意力，抓住人们的视觉。如波兰设计师维斯劳 · 瓦尔库斯基设计的《萨特里肯》，诡异怪诞的造型配合高纯度的红绿对比色彩表现主题，吸引了人们的视觉，使人们产生好奇心。（图 4-36）

6. 强化表现

强有力的表现，会使画面更具力度，增强广告作品的视觉感染力。因此，广告设计的视觉冲击力可以从作品本身的视觉语言的表现、创意、形式存在关系、表现力、人们的心理等诸要素出发，强化广告的视觉冲击力。如王翰尼设计的 *Macbeth*，采用全身布满血管的婴儿手中拿着枪的造型，配以动感的绘画笔触，这样的作品令人深思。（图 4-37）

7. 强化色彩

色彩具有感情和表现的因素，主观强化色彩的对比，利用色彩与色彩之间的对比、互补、错视与情感因素，会强化形象的感染力，有利于进一步渲染画面的氛围，抓住人们的视觉，强化广告的冲击力度。（图 4-38）

图4-34　赵胜男　《禁止篇》系列

图4-35　杨惠馨　《关注饮食安全》系列

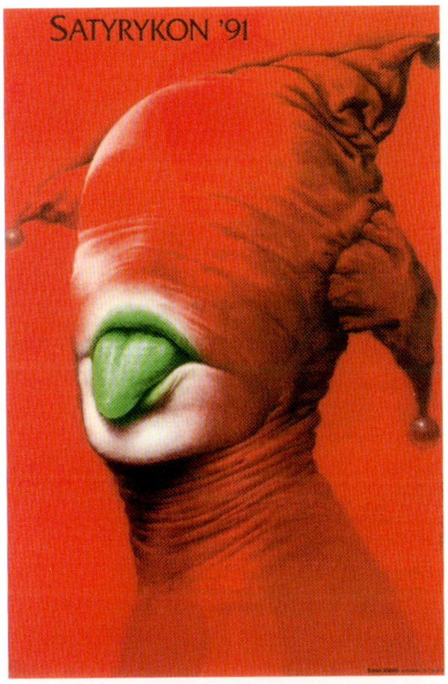

图4-36 维斯劳·瓦尔库斯基 《萨特里肯》

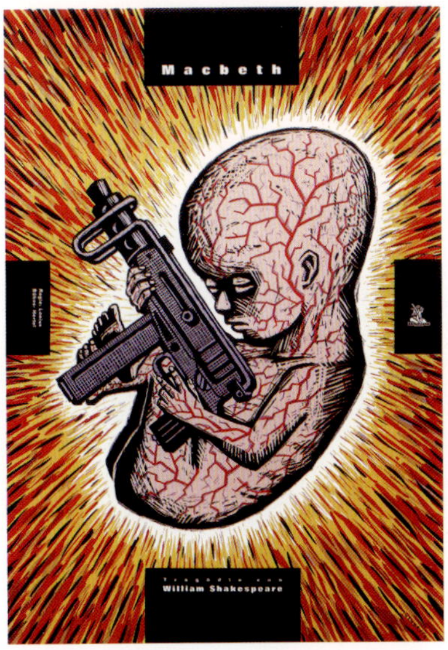

图4-37 王翰尼 *Macbeth*

图4-38 王亚非 《透明海洋》

三、空间表现

广告设计中，具象形态与抽象形态都具有空间感，形态本身与形态之外的形象也具有空间感。这种空间感依照形态对比与色彩变化产生上、下、左、右位置的变化和前、后、远、近的空间层次变化，从而具有空间感。因此，广告中的空间可分为横向空间和纵向空间。横向空间指画面的二维广度上、下、左、右的位置关系；纵向空间则表现为广告视觉语言的三维深度前、后、远、近的空间关系。广告设计中，视觉语言可以是平面表现的语言，如平面图形语言，可以是立体表现的语言，如多种平面语言的层次表现或摄影语言，通过这些设计插图前后的叠压、虚实处理、大小对比产生纵深的三维深度空间。对视觉语言纵向空间深入探索，更有助于表现广告中震撼的冲击力度。（图 4-39）

四、艺术渲染

艺术渲染是文艺创作的一种表现手法，即对所写对象进行突出的描写、形容、烘托。古代诗人形容大雪纷飞，说是“战罢玉龙三百万，败鳞残甲满天飞”；形容贴梗海棠的艳丽，说是“八万四千天女洗脸罢，齐向此地倾胭脂”。这样的表达一下子将平凡的事物渲染得瑰奇起来。广告设计中的艺术渲染，是通过强化的艺术手法表现、烘托画面氛围，或强化主体事物，或晕染画面背景肌理语言，或装饰点缀造型特征，或采用风格化表现手法，使画面氛围愈加浓烈，达到事半功倍的视觉传达效果的表现手法。（图 4-40）

五、视觉语言的陌生化、个性化表现

陌生化的视觉语言是指广告在创意的过程中，选择的视觉语言采用原创的、个性的、不为大众所熟知的形象进行创意，或者广告画面的表现手法新颖、个性、风格奇特，有利于广告的视觉传达。陌生的形象往往使观者产生好奇心，这种好奇心有助于受众对广告产生注意力，促进广告信息的传播，有效地完成广告作品的视觉传播过程。因此，在广告设计中提倡用陌生的视觉形象表现画面，对于作品的原创性、个性及视觉传达过程有着重要意义。如杨振设计的广告作品 *Ambiguity*，用个性的表现手法进行描绘，表现出模糊的、模棱两可的主题。（图 4-41）

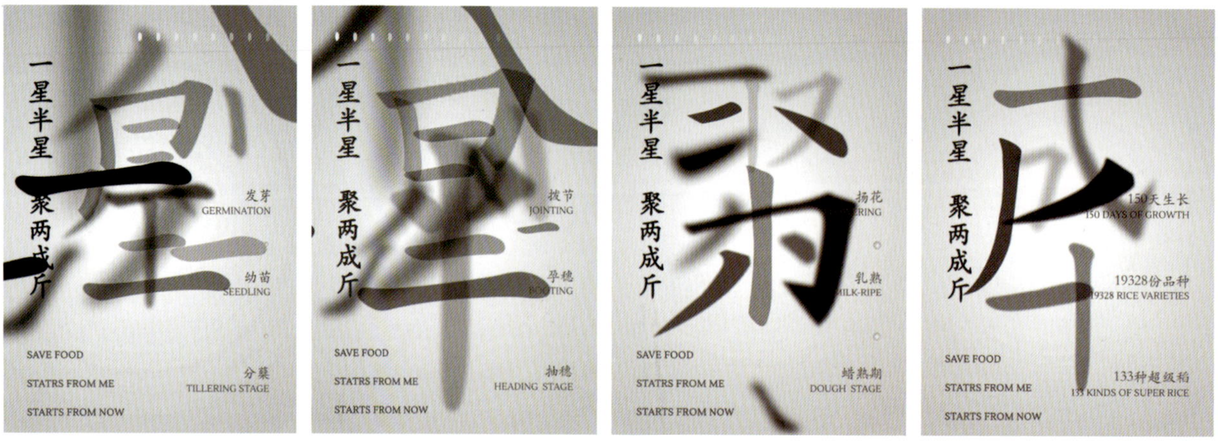

图4-39 王楠 《一星半星 聚两成斤》系列

图4-40 孔乔 《二十周年巴黎文化中心音乐布》

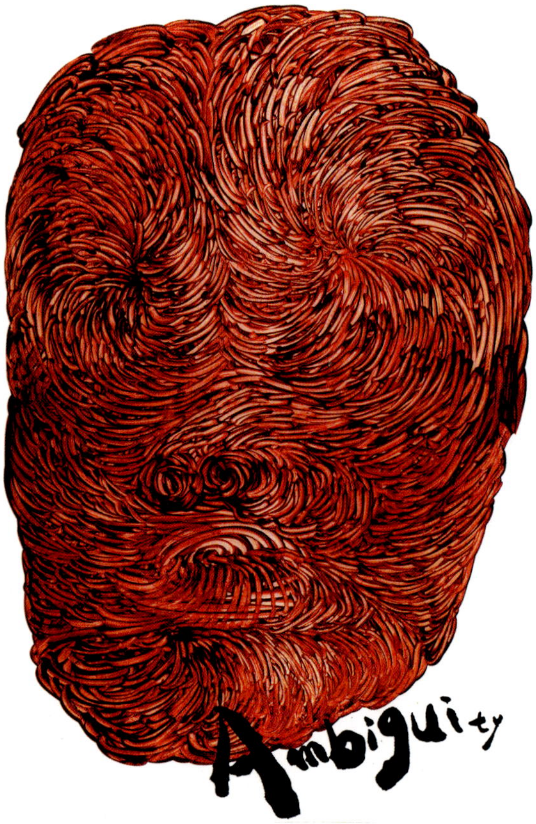

图4-41 杨振 *Ambiguity*

课后练习

1. 从广告设计视觉语言表意传达的方式中选取 3—5 种表达方式，结合竞赛项目进行设计。
2. 探索多种表达方式的融合，并结合竞赛项目进行设计。

CHAPTER 5

第五章

商业广告

第一节 商业广告分类

一、报纸广告

报纸“Newspaper(s)”是以刊载新闻和时事评论为主的、定期向公众发行的印刷出版物，是大众传播的重要载体，具有反映和引导社会舆论的功能。报纸差不多是最早的时效性较强的传播媒介。以报纸为载体发布的广告为报纸广告（Newspaper Advertising），由于报纸的优越性其成为刊登广告的好地方，近年，新媒体对报纸造成冲击，导致报纸发行量减少，报纸广告已萎缩。

报纸广告的优点：1. 报纸广告发行量大；2. 报纸广告作为传播纸媒拥有一定的订阅群体；3. 包装广告篇幅大，信息冲击力强。

报纸广告也存在缺点：1. 容易被破坏、遗弃，使广告的效应受到影响；2. 由于报纸的材质与印刷技术，使报纸广告的视觉效果不精美，色泽感弱，影响整体的传达效果。

二、杂志广告

“杂志”，又称期刊，是一种定期出版物，有固定名称，并用期号以连续不断的形式，间隔地、不断地出版。“杂志”形成于罢工、罢课或战争中的宣传小册子。这种类似于注重时效的手册，兼顾了更加详尽的评论。所以一种新的媒体随着这样特殊的原因产生了。杂志广告（Magazine Advertising）是指刊登在杂志上的广告。杂志广告的特点是：

1. 发行量大，发行的范围广，在书店、图书馆、报刊亭都可以看到，也可以订阅，由于网络时代的便捷，也出现一些网络版杂志。

2. 保存周期长，宣传力度持久。杂志是除了书以外，比其他印刷品更具持久性的一种媒体。

3. 有明确的读者对象。杂志种类繁多，从出版时间上看，有周刊、旬刊、半月刊、双月刊、季刊；从内容上看，有政治、军事、娱乐、文化、经济、生活、教育等题材。

4. 印刷精致。报纸的纸质比较粗糙，杂志的纸质相对来说要细腻得多。杂志的封面、封底常彩色印刷，图文并茂，本身就是很好的广告宣传。

三、户外广告

户外广告（Outdoor Advertising），一般指设置在户外的广告。常见的户外广告有：路牌广告、霓虹灯和灯箱广告、交通广告、橱窗广告、直邮广告、购买点广告等，在节日宣传时甚至有升空气球、飞艇等先进的户外广告形式。（图 5-1）

1. 路牌广告

路牌广告(Billboard Advertising)是指用铁架、铁皮、木板或其他支撑物制成的，上面张贴或直接描绘、印刷图形、色彩或文字传递视觉信息的广告。一般用喷绘、油漆手工绘制或印刷张贴等手段固定在路牌上。路牌广告一般设置在商业街、机场、车站、码头、影剧场、体育馆等繁华区，目的是达到更大的视觉传达效果。以过往的行人或候车的乘客为主要对象。随着科技的发展，有的车站路牌广告结合灯箱等材料使用，产生特殊效果。路牌通常面积大、视觉冲击力强、色彩亮丽夺目，因此是一种贴近群众、引人注目的广告载体之一。路牌广告具有全天候、时间长、范围广、周期性较长、定位较准确、针对性强等特征。

2. 霓虹灯和灯箱广告

霓虹灯和灯箱广告是指以霓虹灯或灯箱为载体，装饰出厂家、广告语及电话等文字、商标、广告图形图像、装饰图案等信息，还有利用霓虹灯做成各种不同造型的形象如广告塔、广告柱、广告墙等，霓虹灯广告一般出现在楼体顶部、侧部等较为显眼的区域，对过往行人有很大的吸引力，更加适合于信息传播。灯箱广告一般安装在橱窗内、门市前、繁华街道两侧及商业区等处，以扩大视觉传达效果。霓虹灯和灯箱广告在晚间发挥作用，能给城市的夜晚添彩。

图5-1 日本京都祇园甲部歌舞练场户外广告

3. 交通广告

交通广告就是利用各种交通工具如车辆、船只、飞机等为载体设置的广告。交通广告主要以车体广告为主，车体广告与人近距离接触，不分人群阶层广泛地传播信息。交通广告的特点是“动”，车体到哪儿广告就宣传到哪儿，接触的人多，流动性大，车内车外都有大量的广告信息传播，是商家设置广告的重要载体之一。（图 5-2）

图5-2 奥运车体广告系列

4. 橱窗广告

橱窗广告指在商店或其他商业性营业场所的橱窗里，将各种道具、模型、模特、张贴物、印刷宣传品等，布置在橱窗内做宣传之用。橱窗广告是实物广告形式的演变，讲究实物商品与橱窗光线、色彩及陈列的和谐性和突出性。大城市的许多商店、商场、专卖店等商业网点，许多都用橱窗广告来推动自己本店的销售。橱窗广告主要针对过往的观者，让广告信息与人近距离面对面接触，吸引其注意力，激发人们的兴趣，使人们产生好奇感，达到广告信息传达的目的。橱窗广告具有装饰点缀、提升审美、促进销售与宣传、发布的范围小、接受的目标人群少、具有地域的局限性等特征。（图 5-3）

5. 直邮广告

邮局信函广告也称为直邮广告（Direct Mail,DM）。人们在日常生活中收到关于超市、旅馆、饭店、书店、影剧院、酒店、杂志社、音像制品公司等印刷精美的商品样本、贺卡、明信片或小包装商品等，这些广告都称为直邮广告，也叫邮寄广告，内容主要是介绍新产品、新功能、新业务等。 直邮广告的特点是：（1）有明确的客户群，广告发布信息对应不同的消费人群，较为准确；（2）收到邮件的人有被重视的优越感，大多数邮寄广告是送到客户群的家中，保证了阅读时间和环境；（3）能对批发、零售商开展新商品教育功能，促进新产品的广告传播；（4）伸缩性强，能针对客户群酌情印制数量。但有时也容易不受重视被丢失遗弃，使广告信息传达受到影响。

6. 购买点广告

购买点广告是指在商场的内外，为争取消费者的视线诱导消费，激发其购买欲望而策划、设计的小型宣传品，称之为购买点广告，英文为 Point of Purchase，简称 POP 广告。POP 广告源自美国的超级市场、折旧商店等自助式商店里的店头广告，改革开放后，我国开始引入并普及。POP 广告的功能是：（1）宣传新产品信息；（2）吸引消费者进入店内观光；（3）营造销售氛围；（4）促销功能。POP 广告的形式包括：（1）张贴的平面 POP 广告；（2）支架形式的立面 POP 广告；（3）柜台展示的 POP 广告；（4）电动的 POP 广告等。POP 广告还有一种是手绘销售点的即时广告，这种手绘的 POP 广告不及精美的印刷品，不必投入大量的费用即可完成。（图 5-4）

图5-3 日本银座、秋叶原橱窗广告

图5-4 飞禹特POP广告

第二节 商业广告运作过程

一、广告计划

1. 长期广告计划

长期广告计划，一般以年以上时间为单位，几年甚至更长时间做计划，主要是针对生产、销售周期长的产品，比如房地产、电器、汽车等产品，它们的开发需要一个较长周期的运转等。

2. 年度广告计划

年度广告计划，一般以年为单位做广告计划，主要针对运转周期较短的，一年之内能完成运转的产品计划，比如生活中常见的生活用品等。

3. 短期广告计划

短期广告计划是指在短时间内能够完成广告运营的计划。具有明显的时效性和机动灵活性，主要针对于一些商品信息展会活动、小商品的生产运行。例如举办的商品展销会、博览会、机动灵活的小商品加工业务等。

二、商业广告运作流程

1. 市场定位

（1）市场调研——选择适合的消费人群和市场目标。

（2）广告计划书的撰写——针对市场调研做阶段性的总结并制定出一系列产品广告方案。

（3）价格定位——根据市场同期商品比较制定出相应的产品价格。

2. 商标、品牌字、标题与广告语的设计——品牌名称定位

在经过市场调研后掌握本行业商品广告信息，通过对比，突出本商品广告的特点，此时需要对本商品形象的商标、品牌字、标题与广告语细化定位，为接下来的商业广告设计作铺垫。

3. 广告创意的准确定位

（1）产品定位——突出产品的价值、功能、品质等特点。

（2）色彩定位——突出需要表现的商品信息的色彩感觉，例如表现镇定作用的药剂需要用冷色系的色彩，表现重要的药剂需要和谐沉着的暖灰色调，表现食品需要用和谐的暖色关系等。

（3）图形图像定位——选择主要代表商品信息的设计插图，准确、巧妙传递信息，促进商品的销售。

4. 广告设计媒体发布

（1）报纸广告创意。

（2）杂志广告创意。

（3）户外广告创意。

（4）电视、网络广告创意等。

5. 发布实施计划

在创意后，要经过一个市场推广、出售的过程，包括新闻发布会、展销会、促销、公关等辅助性广告。

6. 预期效果

根据受众购买产品的心理和效果反馈信息的调查，对产品进行评估，制订下阶段广告运作计划。

7. 预算分配

对前期的调研及广告设计费加后期的广告推广费等费用进行分配。

一个完整的商业广告周期过程的运作，称为商业广告运作。商业广告运作是推广商品的重要途径，是实现商品价值的重要载体。

产品的商业广告设计，并非一张画面的设计，而是权衡商业广告运作周期的过程设计。设计过程中，在把握调研定位的基础上，和谐、准确处理画面中出现的图形图像元素、色彩元素、主题文字与广告元素的充分整合，准确反映商品的信息，选择适当的发布媒介如报纸、杂志、户外广告牌、电视、广播、网络等。当整个运作一周期完成后，商业广告的设计价值才能实现。

第三节 产品广告计划书的撰写

广告计划书的撰写具体包括调研表的设计及广告市场调查、广告市场分析、广告预期目标、广告时间计划、广告对象、广告地区、广告媒介策略、广告预算、广告实施、广告效果测定等方面的全部广告活动的准确定位。以下是新开发产品“木朴筷子”的广告计划书。

一、市场战略

1. 市场状况分析

（1）市场状况

对中国人来说，筷子是每个家庭的必需品。市面上筷子的种类五花八门（有纯竹的、彩漆的、象牙的、银质的；包装又有单人装、双人装、全家福装、实惠装等；价位又有高、中、低之分，花样繁多），但这些筷子存在一些问题：

第一：筷子更新频率不够高，很多家庭都是等筷子用得不能继续用了才会更换。但筷子用久了很容易滋生细菌，很多家庭里成员混用筷子就更容易造成一些疾病的交叉感染。

第二：筷子材料不够安全。市面上很多筷子都是采用涂彩漆技术，涂料中的重金属铅以及有机溶剂苯等物质具有致癌性，涂料一旦脱落进入人体，将会严重危害人的健康。尤其孩子对铅、苯等的承受力很低，会造成更大的伤害。

所以，价格适中，色彩繁多，“无漆”的健康筷子是人们梦寐以求的，这也是本产品的主要特点。

（2）同种类动向

表5-1 同种类产品动向

竞争种类划分	韵鸿筷子店	英华筷子坊	浙江双枪竹木有限公司	其他一些较小的筷子品牌
产品	高档筷子	中高档筷子	中低档筷子（以竹木筷子为主）	低档筷子
市场战略	以专卖店的形式占有市场	以店面形式占有市场	以占有超市市场为主要战略	主要在超市占有低端市场

（3）市场战略

通过广告让“无漆”的健康筷子的概念深入人心，加强大众对于筷子材料、使用习惯的认识，增强消费者的购买欲望，提高销售量。

2. 广告分析

分析不同筷子的广告内容与产品特征，然后进行对比，寻找其中的不同点。

表5-2 内容分析

产品	韵鸿筷子	英华筷子	双枪竹木筷子	其他小品牌筷子
档次	高档筷子	中高档筷子	中低档竹木筷子	平民的、低价位筷子
主要对象 / 岁	30—55	25—50	20—45	20—35
次要对象 / 岁	55—70	50—65	45—65	36—55
定位关键词	高档	中高档	竹木	实惠、便宜
表现内容	在主流商业街开设专卖店，彰显其筷子的高档品质	以传单为主，在超市等处开设专卖店，彰显产品的精品品质	强调筷子的材料以竹木为主	包装广告趋于大众化、廉价化，多为塑料包装

表5-3 产品特征

	韵鸿筷子	英华筷子	双枪竹木筷子	其他小品牌筷子	木朴筷子
特征	设计精致，价格高，主要以礼品和收藏为主	价格略低于韵鸿，主要以北方人喜好设计筷子，以礼品装的形式出现	设计简单，走大众路线，价格亲民，实用性强	薄利多销，不用广告，价格实惠	“无漆”无害，贯彻健康生活理念。价格亲民，实用性强，送礼佳品

3. 消费者分析

（1）调查方法

①访问调查。

②网络收集资料。

③走访店面、超市。

④讨论。

（2）调查时间：2 天

（3）对各企业筷子广告形象的意见调查

表5-4 各企业筷子广告形象相关不同意见调查

韵鸿筷子	韵鸿筷子是北京以南地区比较认可的筷子品牌，主要以正规的企业形象设计和独立店面给消费者安全和可信任的感受，报纸广告、网络广告和“弘扬中国文化为口号”更是让它接到很多学院企业的订单	1.50
英华筷子	是沈阳的本土筷子品牌，在北方开店比较多，也是以接订单开独立店面为主，前几年因电视和报纸采访被大众所认知，建立了很好的美誉度。近见以 DM 单的形式宣传产品	1.00
双枪竹木筷子	经济实惠不做宣传，主要以占有各大超市柜台为吸引消费者购买的主要策略	1.00
其他小品牌筷子	没有广告没有宣传，但低廉的价格是让消费者购买的关键	1.40
木朴筷子	填补中国筷子市场健康、人性化、价位适中的产品空缺。公交车内部广告和报纸广告是让这一受众群体有效了解产品的媒介	0.70

（4）消费者购买态度

消费者中，女性稍高于男性，已婚人士高于未婚人士。调查显示，相对男性而言，女性更细心、更关心家庭成员的健康问题，且购买群体大都是已婚女性。

4. 木朴标志名称的形象战略

（1）标志名字的战略方向

①名字要充分体现健康、人性化的概念。

②名字要与市场其他同类产品相区别。

③名字要表现出自然、返璞归真的文化理念。

（2）标志名称选定过程

标志名称战略方向选定：标志收集资料。

一次：商标选定过程。

调查对象：20—50 岁。

调查方法：网络问卷调查。

调查时间：随即调查。

一次选定名称：箸然 。

二次：商标选定过程。

调查对象：设计团体及客户端。

调查方法：讨论。

调查时间：9.4—9.5。

选定标志名称：木朴。

标志名称说明：健康、人性化、价格适中。

价格：25 元。

二、广告战略

1. 目标

（1）让“无漆”的健康筷子的概念深入人心。

（2）增强消费者的购买欲望，提高销售量，获得较多市场份额。

（3）加强大众对于筷子材料、使用习惯的认识，提高消费者对新产品的偏爱度。

（4）强化本品在消费者心中健康、实用的形象。

2. 细节战略

表5-5 细节战略

	主要广告	次要广告
对象	20—60 岁消费人群	25—45 岁消费人群
战略产品	五木筷子套装	五木筷子套装
主要媒体	公交车内部、商业区户外广告	美食、家居类杂志
次要媒体	报纸、超市内部广告牌	传单广告
期待效果	宣扬“无漆”健康筷子的理念，彻底颠覆消费者原有的消费规律。其健康、性价比高的理念使形象牢固树立，为占领较多的市场份额打下基础	起到辅助效果，旁敲侧击地增加产品在消费者心中的美誉度

表5-6 表现战略

	主要广告	次要广告
对象	25—45岁的消费人群	20—60岁的消费人群
战略产品	木朴 五木筷子套装	木朴 五木筷子套装
档次	健康、人性化、包装精美	健康、实惠
表现展开 point	包装设计、标志名字、健康	价格适中
表现展开	“无漆”的健康筷子的理念和为了消费者健康所做的贴心设计。实惠的价格是普通家庭可以接受的，还可以作为礼品	实惠的价格买来了健康，半年一次地更换，还可以作为礼品

三、广告期待效果

相对于竞争激烈的筷子销售市场，木朴筷子以特有的“无漆”天然木材筷子出现在市场，通过产品革新及有创造性的广告战略，改变大家对筷子很多不正确的认知，让真正有利于健康的筷子形象深入人心。

广告计划书是指导整个商业广告运作过程的理论指导，贯穿于整个商业广告运作过程。计划的准确与否，将决定商业广告运作的成败。因此，广告计划书起着至关重要的作用。

第四节 产品名称及标识形象设计

一、产品名称

按照广告计划书的要求，从产品名称入手。产品名称是产品的浓缩内涵的名称表现，应适合于大众解读——识别上具有可读性和亲切性、具有商品的文化性，体现企业和产品的理念、具有简洁的记忆性——在短时间内能够记忆，且长时间内留下深刻印象。

二、产品商标、品牌字设计

商标是专门用于商品的标记，主要是为了与其他品牌的商品相区别，并具有该品牌的代表作用，经过注册的商标在商业经营活动中受到法律的保护。

商标不同于徽标、标志等，在含义上略有区分。徽标亦称徽志，包括国徽、州徽、市徽、行业徽标、族徽、国际组织徽标等，专门作为一种视觉代表存在，较之商标、标志，具有庄重、威信、设计繁复、图形元素含义突出等特征，具有强烈的象征或代表功能。标志，亦称标识，是表明事物特征的记号。它以单纯、显著、易识别的物象、图形或文字符号为直观语言，还具有表达意义、情感和指令行动等作用，主要应用于公共设施、机构、场所、活动等。

商标的设计应该具有该商品的特征，或代表生产企业的属性，商标的设计注重原创个性、视觉凝聚力、艺术美感，要易识别，使人过目不忘。有的产品商标就是产品的名字，更加容易记忆，例如 IBM、SONY、可口可乐等大企业经过精致的设计加工演变为现在的文字商标。也有以图形为主的商标，诸如耐克、微软、奔驰等产品标志。

产品的品牌字设计，也是反映产品信息的重要途径，其设计要注重以下几个原则：1. 简洁生动，便于传达；2. 字体结构协调；3. 风格与商标风格或商品风格一致；4. 符合艺术审美。即根据商品信息选择不同的表现风格与手法。

第五节 标题和广告语的设计

一、商业广告的标题设计

商业广告的标题是表现广告的主题文字。准确生动的标题是广告成功的关键，正如人们常说的“题好文一半”。

1. 商业广告标题的特点

（1）准确生动。准确的标题会引导观者正确地解读信息。

（2）视觉冲击。引人注目，能够迅速抓住观者的眼球。

（3）简洁可读，识别性强。从数量上看，文字不可过多，标题不可过长；从内容上看，标题不可含糊不清，晦涩难懂。否则都将会影响广告的信息传达。

2. 商业广告的标题分类

（1）直接标题：开门见山地把商业广告中的信息告知观者，简洁明了。

（2）间接标题：不直接告知观者信息，通过设问、反问、感叹等迂回的方式让图形色彩说话，使观者惊呼创意的深刻和奥妙。

（3）主副标题，主标题激起观者的好奇心，副标题直接陈述广告所反映的内涵。

二、商业广告的广告语设计

广告语的设计也是商业广告传达信息的一部分。广告语是指在较长时间内商业广告中重复出现的口号性文字，广告语有灵活性、号召性、引导性、诱惑性、简洁性等特点，在画面中起到画龙点睛、强化主题的作用。因此，广告语设计应注重以下五点：1. 充分推敲、简洁明快；2. 有奇特魅力，能唤起消费者的好奇心；3. 朗朗上口，便于记忆；4. 时代感强，新颖前卫；5. 言语真实，准确反映商品信息。

第六节 商业广告的创意定位

一、商业广告的创意内涵和外延定位

商业广告的内涵创意直接反映商品主题信息，优秀的创意事半功倍，否则反之。创意是创作、创制的意思，即通过广告的形式对商品属性真实的、准确的信息生动再现以促进商品的销售。除了内涵创意之外，优秀的商业广告还突出包含以下外延的十创，即创异、创艺、创义、创益、创忆、创新、创心、创欣、创辛、创馨。

1. 创异

创异是创造不同，对商品特征的唯一性创造出独有的想法，使商业广告独具个性并深刻表现主题。如交通工具——车的广告宣传中，每款车均具有独特个性，设计需抓住商品独立一面的特征，而非使用泛泛的车类共性商业广告，个性的商业广告会体现个性的特征属性，吸引消费者，从而促进商品的销售，促进经济的发展。因此，创异这一定位，决定商业广告的与众不同，具有奇特、独具特色、彰显个性的特点，但是这种创异并非创造异类、个性飞扬、孤芳自赏的创异，而是在一定范围内异于同类产品又超越同类产品，能够与消费者产生情感共鸣的创异。（图 5-5）

图5-5 贾品第、潘竞苏 《尽显个性 百变潮流》

2. 创艺

创艺是创造出艺术化、品位化的商品形象。每款商品都在塑造自己的形象，为进一步提升商品竞争地位而不断打造精品。商业广告的信息除了具有传达信息的功能之外，还有一点很重要，即其本身也要具有一定的艺术性，以提升艺术品位及消费者的艺术审美和艺术修养，使社会在全面进步，而非单纯地鼓励发展。一件优秀的商业广告也是一件优秀的艺术品，其本身的价值要远远超过传达信息的价值，其所带来的附加价值不可估量。相反，劣质的商业广告虽然可能在短时间内能够获取利润，但时间长了就容易误导消费者的购买取向和审美取向，阻碍经济发展和社会进步。（图 5-6）

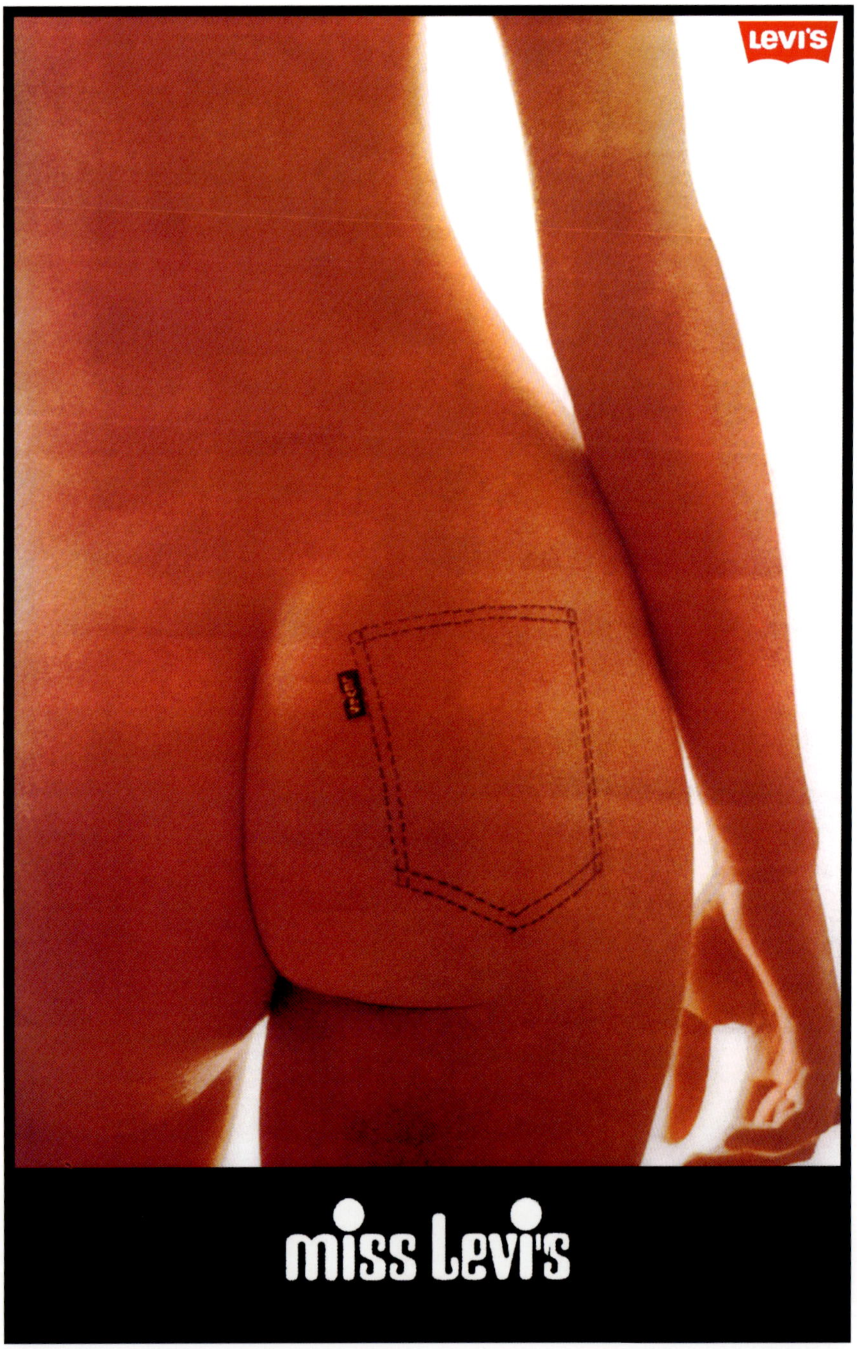

图5-6 Ida Van Bladel 《Levi' s牛仔裤》

图5-7 杨韫嘉 《100年润发》系列

3. 创义

创义是创造出对人有意义的商品广告，使之具有刺激与满足人们的消费需求的功能。真实地反映商品信息，在短期内完成商品信息传达的同时赋予广告长期的生命力，以及人们对广告持久的信任度。（图 5-7）例如农夫山泉矿泉水广告，购买每一瓶矿泉水都为希望工程捐助一分钱。这一则有意义的影响深远的商业广告与公益事业结合起来，体现商业广告本身的价值和外延的价值。因此，有意义的商业广告会促进经济和社会的发展。

4. 创益

创益是指创造对人们有益的商业广告，使人们能通过广告感受到商品给人们带来的益处。例如 2008 年播出的三鹿牌婴幼儿劣质奶粉广告，使众多儿童深受三聚氰胺的危害，侵犯了消费者的利益和伤害了消费者感情，为此，在总结“三鹿奶粉”事件的教训的基础上，十一届全国人大常委会第七次会议第二次全体会议通过《中华人民共和国食品安全法》，并于 2009 年 6 月 1 日起正式施行。《中华人民共和国食品安全法》中规定：“社会名人代言不符合食品安全标准的食品，使消费者合法权益受到损害的，将承担连带责任。”因此广告设计者对商业广告的设计要实事求是，客观准确地把握商品的属性特征，否则后果不堪设想。（图 5-8）

图5-8 霍楷 《警惕牛奶安全》创作的公益广告

图5-9 李孟贾 《100年润发》系列

5. 创忆

创忆是指创造出耐人寻味的商业广告，优秀的商业广告使商品形象深入人心，让人回味无穷。正如芬兰设计师卡里·碧波说：“在不断出现而同时转瞬即逝的图像中，只有少数会被注意，只有最好的才会被记住。”因此，创造出耐人回味的优秀广告定会刺激消费者的购买欲望并产生良性循环。（图 5-9）

6. 创新

创新是指商业广告设计要推陈出新，不断进取，杜绝因循守旧，墨守成规。实验证明，人们对新鲜的事物总能产生好奇心，这种新鲜的事物会使商业广告设计充满鲜活的生命力，就犹如优秀的服装设计一样，不断更新的款式具有鲜活的生命力，不断引领时尚而脱俗。 正如尼古拉斯·卓斯乐说：“只有当这一职业能不断带来新体验的时候，它对我才有吸引力。这就是我从事这一职业根本的动力，所以，也是根本的挑战所在。”（图 5-10）

7. 创心

创心是指广告设计是用心设计出来的作品，用心创作出来的作品往往凝聚着设计师的经历和情感因素，具有更高的设计品质。打个比喻，设计作品就犹如自己的孩子一样，要对其负责而非敷衍了事，这也决定着设计作品的成败，用心创作的作品会使作品更趋于成熟，作品表现更加到位，也会更有利于促进商品的信息传递，实现其价值。

图5-10 Innocean汽车广告系列

8. 创欣

创欣是指在商业广告设计中融入欣欣向荣的思想，弘扬真善美，抨击假恶丑。欣欣向荣的设计，会有助于商品信息的传播，但这种美好事物的运用并非无限制地夸大，而是在商品功能及属性范围内的合理艺术加工，使人们对其产生好感，完成商业广告的价值。（图 5-11 ）

9. 创辛

创辛是指在广告设计过程中，设计师的创作过程是艰辛的，一则优秀的商业广告设计，是对其本身属性和内涵的充分表现，过程的艰辛，意味着广告设计本身的含金量的提升，这里是指对于创意、形式美感、艺术性、表现力等方面的细节加工都要精心地思考和尝试，过程是辛苦的，而结果却是甜蜜的，因为设计里融入了设计师的真情实感。

10. 创馨

创馨是指商业广告设计本身要体现温馨、和谐的感受，与受众产生的亲和力愈多，愈有利于商业广告的宣传。实验证明，有亲和力的人，群众基础就会好；有亲和力的商业广告，受众粉丝就多，就能够更多地和消费者之间架起一座沟通的桥梁，更好地传递信息。（图 5-12）

图5-12　杨韫嘉　《云南白药牙膏》系列

二、商业广告内涵和外延之关系

以上十创是商业广告创意的外延，创意是十创的集中体现和灵魂。准确、精美和独到的创意，才能使商业广告在创意层面更加深刻、生动，充满鲜活的生命力，这是商业广告设计最为本质的体现，突出了商品属性，彰显了商品特征。而在内涵的基础上，商业广告的外延体现其更大的附加值，把内涵精髓和外延紧密结合起来，一定会使商业广告更有效地探索、加深内涵空间和挖掘、扩大外延空间，实现本身的价值并且带来附加值。

图5-11　碧浪广告　《为你解开手洗束缚》系列

第七节 商业广告的价值取向

商业广告的重要性犹如商品的宣传队、市场的先锋军。优秀的广告能够带动产品（优质）迅速占领市场。商业广告是商品经济的附属品，是商品的外衣，商业广告要充分体现商品的属性特征，它既受制于商品的属性特征，又促进商品的销售，促进经济社会的发展。因此设计师不但要充分认识到商业广告创意的重要性，而且要掌握商业广告的创意的实践方法，准确把握商业广告创意的脉动，实现商品的经济价值和经济社会的良性循环。

课后练习

1. 进行市场调查，了解某一个品牌设计的创意。

2. 了解广告创意设计的准备条件，剖析本人具备了哪方面的条件，以及不足之处。（在课堂中以互动形式表述）

项目设计：运用头脑风暴法，根据项目单的广告目的和要求，提炼准确的诉求点并进行设计练习。

CHAPTER 6

第六章

公益广告

第一节 公益事业与公益广告

一、公益事业

《中华人民共和国公益事业捐赠法》所称公益事业是指非营利的下列事项：

1. 救助灾害、救济贫困、扶助残疾人等困难的社会群体和个人的活动。
2. 教育、科学、文化、卫生、体育事业。
3. 环境保护、社会公共设施建设。
4. 促进社会发展和进步的其他社会公共和福利事业。

公益从表意上讲是指为了公众的利益。公益活动是指一定的组织或个人向社会捐赠财物、时间、精力和知识等活动。公益活动的内容包括反战、反暴力、反恐怖主义、禁止吸烟、禁酒、禁毒、献爱心、扶贫捐助、社区服务、生态环境保护、知识传播、公共福利、帮助他人、社会援助、社会治安、紧急援助、志愿者服务、慈善、社团活动、专业服务、文化艺术活动、国际合作等。随着社会的发展，公益问题越发严重，设计师有责任通过广告设计的载体呼吁人类关注公益事业，关注我们的生存环境。

二、公益广告

公益广告是以为公众谋利益和提高福利待遇为目的而设计的广告，是企业或社会团体通过广告的视觉语言呼吁大众解决社会和环境等公益问题的宣传载体，是不以营利为目的，关注社会公众切身利益和社会风尚的广告。公益事业的深入人心促进公益广告的深入发展，因此，公益广告具有广泛的社会性、紧迫的现实性、深刻的感召性。正如芬兰设计师卡里·碧波说：“招贴是警示和教育大众的很好的途径，但不是解决问题的方法，它向不同的事件做出反应，并将信息缩减到一种有效的视觉形态。”

第二节 公益广告的范畴及设计选题的来源

一、公益广告的范畴

主要包括禁止吸烟、禁毒、反战、反暴力、反恐怖主义、无偿献血、关注希望工程、保护文化遗产、保护环境、保护动物、节能减排、保护水资源、沙尘暴、热化、冰川融化等生态问题，关爱残疾人、关爱弱势群体、敬老爱幼、交通安全、青年志愿者行动、防治艾滋、诚信、社会公德、反腐倡廉、尊师重教、禁止酒驾、网络犯罪等方面。随着社会的发展，会出现越来越多各种各样的公益问题，引起政府的极大重视。在央视频道黄金时段都会有公益广告的出现，呼吁人们关注社会、关注历史、关注生活，让我们用设计的语言呐喊、支持、推动我们伟大的社会公益事业！（图6-1、图6-2）

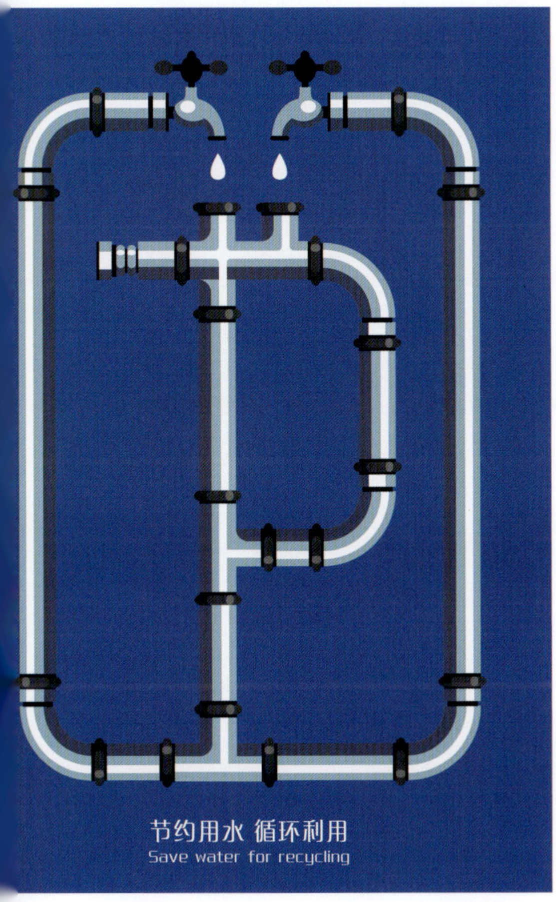

图6-1 王亚楠 《节约用水 循环利用》

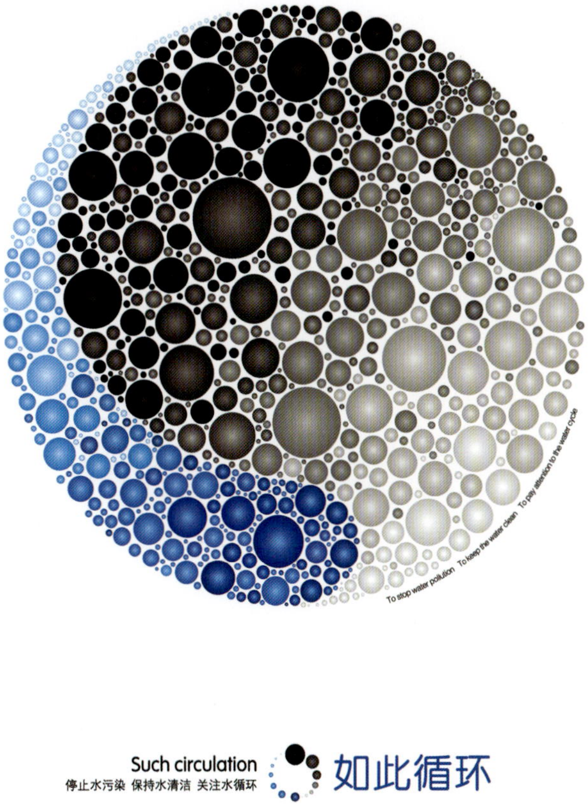

图6-2 霍楷 《如此循环》

二、公益广告的选题来源

1. 来自新闻选题

新闻选题往往具备强烈的社会性与时效性，且信息准确深刻，可以作为公益广告的选题，通过公益广告的信息快速反映新闻的价值。新闻是播放一段事实，而公益广告的创作却是通过这一段事实，生动地反映新闻的潜在价值，若新闻是 1+1=2，公益广告则可唤醒人们对新闻的反思，收到 1+1>2 的效果，很有社会价值和实用属性。（图 6-3）

2. 来自生活事物及情与理

生活中、大自然中带有生命的事物总能被设计师赋予人类的情感，把人们的情感转移到万千世界的生命体之中，人赋予其中的感情经过转移使有生命、无生命的事物鲜活起来，以人的理念充满生命和情感，这种情感转移称为自然中的情理设计，即人与自然的共生产生的创意无限。正如瑞士设计师 Ralph Schraivogel 说：“一张好的招贴是一种感情，一场视觉的体验。它是一个有力的阐明的声明和惊喜。一张好的招贴同时对精神和大脑起作用。”（图 6-4）

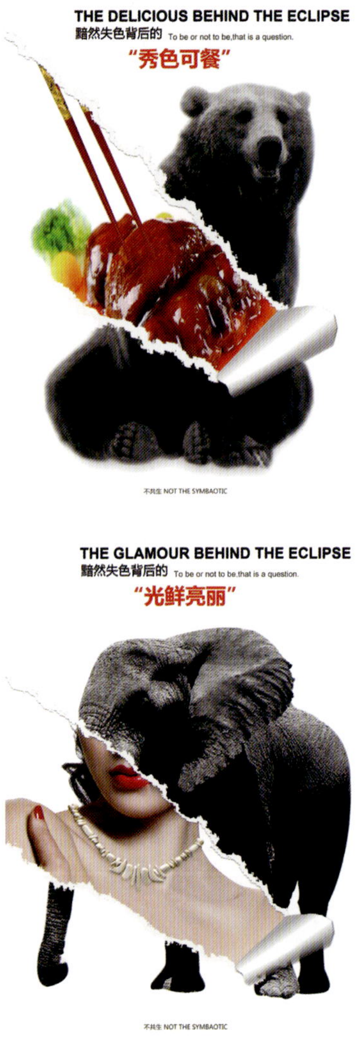

图6-4　丛琳　《保护动物》系列

图6-3　昌进　《科学防疫　健康生活》系列

图6-5 霍楷 《反暴力》公益广告
选题来自社会恐怖活动及暴力事件

图6-6 霍楷 《钉子精神 永放光芒》

图6-7 刘金武 《警惕网络犯罪》

3. 来自突发性社会事件

突发性社会事件在现代社会中频频发生在每个人的身边，往往是影响规模较大，波及范围较广，影响时间较长，社会影响力较久的事件。这些突发性社会事件例如震惊中外的“9·11”事件，背后揭露了恐怖主义的活动，作为选题可以通过公益广告的形式表现出来，呼吁停止恐怖主义、停止暴力。事实证明，社会性的大事件都可以作为公益广告的参考选题进行设计以揭示事物的本质，并以公益广告的形式教化人们、警示人们、告诫人们，服务于社会公益事业的同时彰显设计师自身价值。（图 6-5）

4. 来自道德观念及人的心理修养

在人类文明社会发展的始终，一直伴随着道德观念和人的心理修养的进步，才有了现代社会高度文明的结晶。因此，社会文明的进步除了受法律外部因素的制约外，人们自身的道德修养是社会发展的本质要素。如禁止吸烟、酒后驾车、道路安全、献爱心、慈善事业、关爱老人和儿童等，只有道德修养达到了一定程度，才能更加有效地解决这些问题。以上这些都可以作为设计师的设计选题，以道德观念和人们的心理修养为内容去创作公益广告，有助于起到呼吁、关注、警示、告诫、教化、约束的作用，彰显公益广告的无形价值。（图 6-6 、图 6-7）

第三节 公益广告的创作原则

一、揭露问题的深刻性

公益广告是社会的一面镜子和时代的影子，映射出人类社会、历史的信息，并教化大众，它不是简单停留在问题的表面，而是深刻揭露社会问题的本质，呼吁人们关注社会问题。只有深刻揭露社会本质的公益广告才真正具有深刻性。有时，公益广告令人毛骨悚然，发人深省，揭露社会问题的本质让人叫绝。因此，公益广告揭露社会问题的深刻性，是其最核心的属性，也就是公益广告是什么、做什么的属性。（图 6-8）

二、视觉语言的震撼力

公益广告揭露社会问题的本质，具有庄重、严肃的设计感觉，基于此，其采用的视觉语言不是轻描淡写地修饰，不是锦上添花地描绘，而是强烈对比的视觉语言产生强烈的视觉效应。公益广告的视觉形象应主动出击，产生惊人的视觉震撼力，快速抓住人们的眼球，因此视觉语言的冲击性为受众解读作品提供的前提条件，也是公益广告本身价值观的体现。期待更多视觉冲击强烈的优秀公益广告的诞生。（图 6-9）

三、视觉语言的说教性

公益广告是告诫、警示大众的一位老师，通过画面中的形象向人们传递说教语言，警示人们一个道理，呼吁人们贡献一片爱心，督促人们承担一种责任……人们共同生活在一个空间里，一片蓝天下，一个地球村，因此，关注公益事业是大家共同的责任和义务，设计师在创意时，本着呼吁、感化、教育、警示的目的，用视觉语言产生的巨大的、无声的力量教育人们。因此，公益广告是教化大众的无声的老师。（图 6-10）

图6-8 朱加莹 《停止杀戮》系列

图6-9 于召法 《虚假传播》

四、选题的与时俱进性

人类社会的每个阶段都有不同的新的问题产生，这就需要公益事业的时代性和与时俱进性，比如“二战”后人们关注的问题更多的是战争带来的灾难和战后的重建问题，在和平年代人们关注的是道德与人类和谐的问题，在社会发展与能源消耗上人们关注的是有限能源耗竭的问题等，这都需要设计师紧跟时代的脉搏，根据突发事件而设计出反映社会问题的作品来。因此，公益广告的题材具有强烈的时代感和与时俱进的属性。（图 6-11）

五、传达信息的共鸣性

公益广告本质在于向受众深刻地揭露社会问题的本质，唤起人们的责任感，呼吁人们关注社会公益事业。设

图6-10 王墨晗 《莲生莲 廉生廉》

图6-11　王楠　《理想绘卷》系列

图6-12　李孟贾　《青山绿水 · 富强小康 · 扶贫攻坚》系列

计师在受众与作品之间建立起一座能方便、快捷、准确沟通的桥梁，使二者紧密结合起来并产生共鸣。因此，公益广告是站在社会问题的角度，通过艺术加工，准确反映社会本质问题并将其传达给受众。因此，公益广告源于生活又高于生活，从群众中来又到群众中去，能使观者产生共鸣，是人类社会的广告，是唤起大众意志的载体。（图 6-12 ）

课后练习

1. 通过现代化途径查找你认为好的公益广告并以 PPT 形式进行汇报。

2. 结合实训项目，设计不少于 3 套或 5 张公益广告。

CHAPTER 7

第七章

文化招贴

第一节 文化与文化招贴

文化从广义上讲指人类在社会历史实践中所创造的物质财富和精神财富的总和。从狭义上讲指社会的意识形态以及与之相适应的制度和组织机构。文化作为一种意识形态，是经济基础和上层建筑的反映。从广义上讲，文化招贴主要是指为社会中的各类文化活动和文化现象而设计的招贴。文化作为一种意识形态，是文明的传承，文化招贴就成为传承文明的载体与媒介。文化招贴作品中所反映的各类信息通过视觉载体传达给人们，形成精神上的感受，成为一种文化现象，映射、聚焦着社会的信息。文化招贴一般是为文化机构、文化现象、文化活动、文明传承及文化融合等范畴创作的招贴，在一定的历史时期也称为文体招贴。（图 7-1）

图7-1 霍楷 《赠人玫瑰 爱心绽放》

第二节 文化招贴的创作选题

一、文体活动范围

文体活动的招贴非常多见，主要指为文化、体育、艺术事业等活动所做的宣传招贴。远看奥运会的招贴设计，其作为传播信息的载体和具有奥运文化价值的收藏品，具有历史意义。第一届奥运会的招贴诞生于招贴艺术的伊始，具有早期绘画招贴的风格。此后的奥运招贴受到政治的影响，反映战后重建家园的精神、冷战政治对比、经济复苏后以奥运会为契机发展经济的特点，体现了奥林匹克精神，反映出奥运的历史文化和发展的整体历程。（图 7-2）

二、文化、学术交流领域

在各项学术交流活动中，如学术讲座、学术交流、论坛会、博览会、展览会等，经常会在公共场所以招贴作为宣传信息的方式出现。招贴在一定的范围和时间内是其他传播信息载体无法比拟的，能取得良好的效果。（图 7-3 ）

三、民间民俗、传统元素的收集

中国的民间传统元素博大精深，优秀的选题多样丰富。从纵向看，中国的远古时期便有民间符号出现，形成人类视觉传达的渊源，从手工绘画到印刷载体，文明传承的载体和表现丰富多样；从横向看，民族文化的差异、地域文化的差异和历史的渊源继承产生大量民间文化，现代社会不断发展的民间元素、社会风俗等，也都形成了设计选题的亮点。此外，对于那些即将消失的非物质文化遗产，人们更应该用招贴的创意语言去呼吁社会关注它们。这些形象经过艺术处理，可以作为招贴中的设计插图语言，尤其是可以为文明传承、中西融合的广告设计提供设计选材，例如“东 + 西”国际大学生海报双年展的主题海报创作、“中国元素”设计大赛、奥运文化主题招贴设计等，大都以中国特有的视觉元素为主要表现主题。（图 7-4、图 7-5）

图7-2 《奥林匹克20周年纪念》

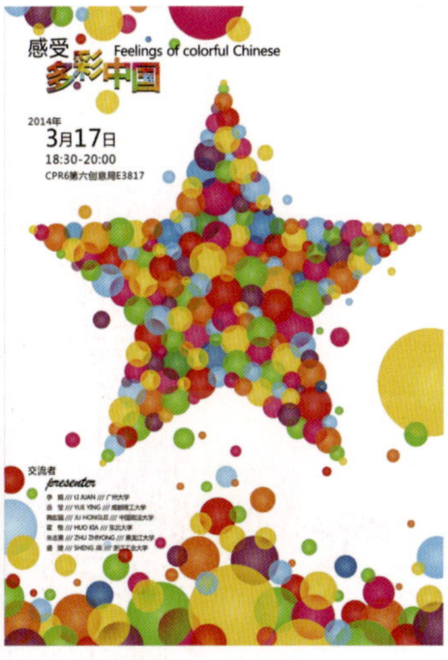

图7-3 霍楷 《感受多彩中国》电通第六创意局学术交流招贴

图7-4 田伟 《吸取文化》

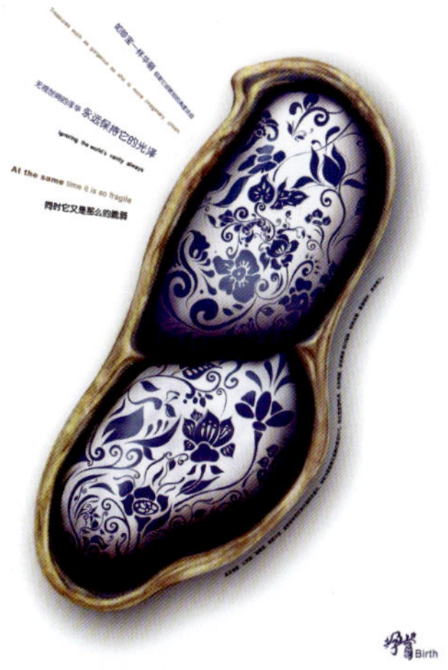
图7-5 田伟 《孕育文化》

四、特定文化活动

在特定的文化活动中，文化招贴扮演着重要角色，其作用是电视、网络及广播等其他载体远远不及的。较之电视、网络及广播等在特定时间内的有限宣传，文化招贴张贴于文化活动的公共场所，成为文化活动的闪亮新装，伴随着文化活动的始终，不但传递着视觉信息，而且烘托了文化活动特有的艺术氛围，提升了艺术形象。例如亚洲艺术节、“走近孔子，感受中国”儒家文化国际视觉设计大展、风靡全球的圣诞节等活动中，多以典型的文化招贴为宣传载体。（图 7-6）

图7-6 格巴特 · 施瓦 《土斯节》

五、概念招贴设计

概念设计是用设计形式表现设计师思想的完整而全面的设计过程，通过设计概念将设计者繁复的感性和瞬间思维用理性的方式表现，从而完成整个设计。Idea 是表现的核心，再把它的这种思想表现在设计作品上，有时甚至没有主题，是对风格化的追求、形式感的探索、心情的陈述、喜好的表达，有时甚至就是一种发泄或观念的表现，具有前卫性、形式性、表现性和艺术性。如张健设计的《个人印象》招贴，就是对个人状态的表现，描绘了个人的心理。（图 7-7）

图7-7 张健 《个人印象》概念招贴

第三节 文化招贴的价值取向

一、文化招贴的文化传承性

文化招贴揭示历史、社会本质，深刻反映客观现实，呼吁、号召着人们对文化继承发展、与时俱进、开拓创新。广告设计就是很好的一面放大镜，聚焦、映射着不同的社会与历史，传承着不同区域、民族的文化，因此它的横向与纵深的范围要求设计师的综合素养与设计内涵完美结合，这正是文化招贴的深度所在。（图 7-8）

二、文化招贴的学术性

文化招贴具有极高的学术研究价值，文化招贴反映的范围包括历史、科教、文学、艺术、体育、音乐、电影、戏剧、画展、衣食住行等各领域，通过形式语言的视觉传达映射生活，范围之广、跨越时间之久远，对各类现象都可以采用视觉语言的形式聚焦表现，是学术研究的强有力的映射。因此，文化招贴具有极高的学术价值。（图 7-9）

图7-8 魏歆彤 《廉政剪纸》系列

三、文化招贴的开拓创新性

文化招贴虽然是文化的映射，但不是一成不变的，文化招贴的视觉内涵和形式语言是与时俱进、开拓创新的，其用一种前卫、领先、时尚、新颖的视觉语言说话。香港著名平面设计大师靳埭强一生中创作了大量的文化招贴，他认为原则有三条：“立意——意念先行，以形取神；创新——承先启后，破旧立新；活用——适身合用，灵活生动。”这正是文化招贴开拓创新的特点，我们在设计文化招贴时，坚持文化招贴的属性和特点，秉承与时俱进、开拓创新的原则，力求以新的形式、手段，表现社会中的各种文化现象的题材，定能取得良好的效果。（图 7-10）

图7-9　吕莹　《黄鹤楼建成1800周年》

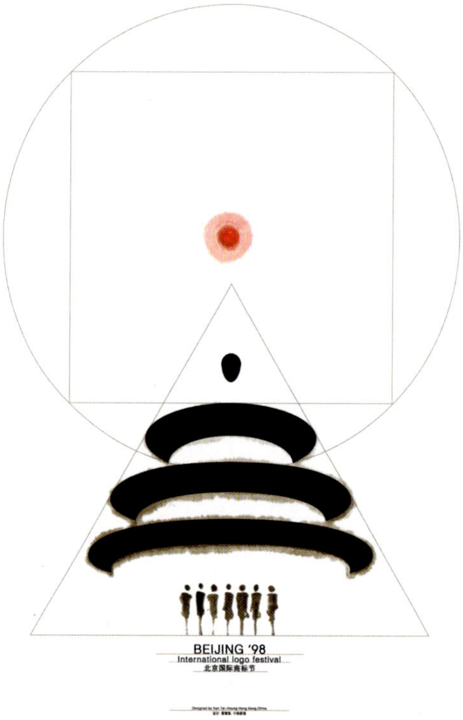

图7-10　靳埭强　《北京国际商标节》

课后练习

1. 通过现代化途径查找你认为好的文化招贴并以 PPT 形式进行汇报。
2. 设计一张能表现当代新型文化的特色招贴，主题自拟。

CHAPTER 8

—

第八章

广告设计的地位及展望

第一节 广告设计的地位

广告设计作为沟通、交流、传播信息的重要载体之一，在平面设计中占有极高的位置。作为一种纸上艺术的媒介形式，其映射当时社会、历史文化，见证当时的生活。广告设计的学术价值、商业价值和美学价值逐渐被人们认识，优秀广告设计不但为社会和商业服务，甚至是具有收藏价值的艺术品，被美术馆、博物馆、教育部门等文化机构作为珍品收藏，华沙艺术博物馆是世界上最早收藏招贴的机构。

商业宣传、时尚设计的商业广告，反映商品的信息，其创意要充分体现商品的属性特征。优秀的商业广告既能促进商品销售，实现商品的价值，又能促进经济的发展，为商品作嫁，成为经济社会强有力的宣传利器。

创意新颖、设计独特的公益广告，能反映当时社会人们的意识形态，具有极强的感召力和震撼力，能使传播内容深入人心，取得良好的社会效益，更体现一座城市的精神文明建设水平和文化价值追求。

创意独特、传承文明的文化招贴，映射了当时的社会历史风貌，反映了人们身边的文化现象，成为文明传承的载体，具有极高的学术研究价值和艺术审美价值。

第二节 广告设计的前瞻性

一、广告设计无国界

广告设计的创意无国界，任何形式的活动、任何事件的主题都可以以广告设计的形式记载、传播；不同的国家、地域和民族，其语言文字与视觉习俗都能通过创意的形式达到视觉信息的传递。

广告设计的表现手法无国界，任何地域的广告，大都以纸上艺术为媒介传递信息，早期艺术家劳特雷克、马蒂斯等的绘画广告表现，以及受构成主义影响下的简洁图形语言表现，乃至现代社会计算机媒介影响下的综合表现语言，受到各绘画风格流派等不同表现手法在各国都有体现，其设计插图的手法、风格多种多样，对广告设计的风格有深刻的影响。

广告设计的形式无国界，广告设计的形式受到所反映的主题的限制，什么样的内容就有什么样的形式与之相呼应，构成存在形式的多样化形成不同的视觉美感，具有极高的审美价值和学术价值。因此，广告的形式一直是设计师所热衷探索的话题。

二、广告设计国际化

广告设计的民族化、国际化一直是人们探讨的话题。世界各地的广告设计师纷纷挖掘本民族的文化特征参与不同的国际化展览、大赛、学术交流、设计节等，传播民族文化；世界各地也形成了规模不同的设计组织和协会，定期举办设计活动等。法国肖蒙、波兰华沙、捷克布尔诺、俄罗斯莫斯科、墨西哥、美国科罗拉多、芬兰拉赫蒂等国际招贴双年展及一些国家的招贴三年展、各种大学生设计竞赛等成为这一视觉艺术的交流平台，不同风格、地域文化的招贴盛宴成为设计师沟通的桥梁。正如日本设计师田中一光说：“作为世界各国人士之间交流的海报，具有设计上独特的普遍手法和情感，优秀的作品可以跨越国境，促膝谈心，相互理解，近年各国招贴为人收藏，正因为有它的时代性和永久性。”“海报至今依然是广告宣传的中坚武器。”“海报不仅现在是，将来也将永远占有设计王座的地位……否则，不会像现在这样，在所有国家和城市举行如此盛大的国际招贴展。”

课后练习

1. 结合设计竞赛项目，设计 3—5 张海报。

2. 聚焦社会热点，设计 2—3 套公益海报。

参考文献

1. 王亚非，韩晓芳 . 商业广告设计教程 [M]. 沈阳：辽宁美术出版社，1998.
2. 王亚非 . 招贴设计基础 [M]. 沈阳：辽宁美术出版社，2008.
3. 肖勇 . 肖勇招贴设计教程 [M]. 武汉：湖北美术出版社，2006.
4. 肖勇 . 国际招贴设计 [M]. 济南：山东美术出版社，2001.
5. 曹方 . 视觉传达设计原理 [M]. 南京：江苏美术出版社，2005.
6. 王受之 . 世界平面设计史 [M]. 北京：中国青年出版社，2002.
7. 曹方，邬烈炎 . 现代主义设计 [M]. 南京：江苏美术出版社，2001.
8. 袁熙旸 . 新现代主义设计 [M]. 南京：江苏美术出版社，2001.
9. 詹和平 . 后现代主义设计 [M]. 南京：江苏美术出版社，2001.
10. 邬烈炎 . 解构主义设计 [M]. 南京：江苏美术出版社，2001.
11. 何洁 . 广告与视觉传达 [M]. 北京：中国轻工业出版社，2003.
12. 朱国勤 . 现代招贴艺术史 [M]. 上海：上海书店出版社，2000.
13. 邹加勉 . 海报大师五十人 [M]. 武汉：湖北美术出版社，2004.
14. 艺术与设计杂志社 . 影响世界画坛的十五个流派 [M]. 成都：四川美术出版社，2010.
15. 拉克什米 · 巴斯科兰 . 世界现代设计图史 [M]. 甄玉，李斌翻，译 . 南宁：广西美术出版社，2007.
16. 大卫 · 瑞兹曼，王栩宁，若斓茳 · 昂 . 现代设计史 [M]. 刘世敏，等译 . 北京：中国人民大学出版社，2007.
17. 昆廷 · 纽瓦克 . 什么是平面设计 [M]. 初枢昊，译 . 北京：中国青年出版社，2006.
18. 赫勒，米尔克 · 伊里奇 . 20 世纪设计思潮的演变：世界著名设计图例 [M]. 常宁生，孟春艳，译 . 合肥：安徽美术出版社，2003.
19. 蓝达 . 美国广告设计实用教程 [M]. 戴佳敏，刘慕义，译 . 上海：上海人民美术出版社，2006.
20. 福斯特 .21 世纪大师级招贴设计 [M]. 梵非，等译 . 上海：上海人民美术出版社，2007.
21. 里格尔 . 风格问题：装饰艺术史的基础 [M]. 刘景联，李薇蔓，译 . 长沙：湖南科学技术出版社，1999.
22. 阿恩海姆 . 艺术与视知觉 [M]. 腾守尧，朱疆源，译 . 成都：四川人民出版社，1998.

后记

本书得以完成首先要感谢王亚非教授的指导，感谢西南大学出版社的鼎力支持与帮助。

在写作过程中，笔者本着实事求是、遵循艺术规律和科学性的原则，尝试将科学与艺术结合起来并探索广告设计的起源、本质及发展规律，总结设计方法论、创新思维和探索实践教学问题。对学术问题的探索，需要实事求是的科学观点和严谨的学术态度。本书尝试将前辈的优秀教学理论与方法和近年来的广告设计教学经验汇总起来，理论探索与实践教学并重，提倡创新思维过程与结果并重，探究共性设计语言与个性设计语言并重，主张设计创意与设计创新并重，遵循纵向的理论研究与横向的设计方法论并重；尝试整合广告设计的系统性、全面性、逻辑性和创新性教学，尝试整合理论性、实践性与创造性结合的实践教学过程，使广告设计遵循深挖理论研究、重在实践创新探索的原则。本书的编写尚存在不足，旨在抛砖引玉，希望前辈同行提出宝贵意见。

科学与艺术的结合，是理工院校开设艺术设计专业及学科交叉创新的一大亮点；艺术的普及与提高，是提升综合性大学艺术审美的有效方法，使“学习更有实效、思维更有创意、工作更有效率、生活更有情趣、人生更加丰厚”；科艺共荣、普及提高，使更多的人善于观察美、发现美、欣赏美、追求美、创造美和分享美，不断提升审美与创造审美。在教学中，作品是学生的镜子，学生是老师的镜子，老师是作品的镜子，三者互为循环缺一不可；其中学生是主体，老师是主导。因此，作品、学生与教师互为映射的镜子，优秀的作品正是设计教学过程的检验；一幅优秀的广告设计作品可以替你说话，而不需要你去为它辩护，这正是设计教学重在实践的特点，也是设计人不断探索的话题。

最后，由衷地感谢那些关心、支持和帮助过我的业内好友，感谢东北大学艺术学院的领导和同人，感谢为本书提供广告设计作品的前辈设计大师、优秀设计师及我的研究生们，为本书润色添彩。